Josef Felix Pompecki

Über Ammonoideen mit anormaler Wohnkammer

Josef Felix Pompecki
Über Ammonoideen mit anormaler Wohnkammer
ISBN/EAN: 9783744671156

Hergestellt in Europa, USA, Kanada, Australien, Japan

Cover: Foto ©ninafisch / pixelio.de

Weitere Bücher finden Sie auf **www.hansebooks.com**

Ueber
Ammonoideen
mit

"anormaler Wohnkammer".

Habilitationsschrift

zur

Erlangung der Venia Legendi

der

Hohen Philosophischen Fakultät

der

Ludwig-Maximilians-Universität in München

vorgelegt von

Dr. J. F. Pompeckj.

Stuttgart.
E. Schweizerbart'sche Verlagshandlung (E. Koch).
1894.

Zu den verschiedensten Zeiten des Bestehens und Blühens der zahlreichen Ammonoideengeschlechter begegnen uns Formengruppen mit abweichender Gestaltung ihrer Wohnkammer. Während die Mehrzahl der Ammoniten, besser Ammonoideen — abgesehen von ihren ersten [? embryonalen] Windungen — bis zum Vorderende der Wohnkammer, dem Mundsaume, in gesetzmässiger Weise in bezug auf Höhe und Breite der Windungen wächst, finden wir eine grosse Reihe von Formen und Formengruppen, bei welchen die Wohnkammer eine Gestalt besitzt, die sich nicht mit der deckt, welche die Wohnkammer haben würde, wenn der Ammonit bis zu seinem Mundrande nach den Massverhältnissen der inneren Windungen gewachsen wäre. Man hat derartige abweichend gestaltete Wohnkammern in der Ammonitenlitteratur mit den verschiedensten Bezeichnungen aufgeführt; man nannte sie: „abgeschnürt, abgeändert, ausgeschnürt, evolvierend, geknickt, egredierend, knieförmig, contracted, scaphitoid." Wenn ich diese von verschiedenen Autoren, wie v. HAUER, HAUG, HYATT, E. v. MOJSISOVICS, MUNIER-CHALMAS, NEUMAYR, QUENSTEDT, WAAGEN, v. ZITTEL u. a. m. gebrauchten verschiedenen Bezeichnungen gegen die „anormale Wohnkammer" vertausche, so geschieht dieses im Interesse der Einheitlichkeit und Zweckmässigkeit für die Diskussion der an die Erscheinung der anormalen Wohnkammern anzuknüpfenden Fragen, ohne das Treffende der für die einzelnen Fälle gebrauchten Bezeichnungen verkennen zu wollen. „Anormal" sind diese Wohnkammern gegenüber den inneren Windungen und gegenüber denjenigen Ammoniten, welche bis zum Mundrande gleichmässig an Höhe resp. Breite zunehmen; Norm sind sie anderseits für diejenigen Arten und Gruppen, denen sie nach unseren Erfunden eigen sind.

Ausser für Zwecke der Systematik ist den Ammonoideen mit anormaler Wohnkammer von den Ammonitenforschern bisher nur wenig und nur vereinzeltes Interesse entgegengebracht worden; und doch beanspruchen sie Interesse in vollstem Masse nicht allein um ihrer eigenartigen Erscheinung willen, sondern mehr noch darum, weil sie wohl berechtigt sind, für Fragen der Stammesgeschichte der Ammonoideen wichtige Aufschlüsse zu geben und damit zugleich auch in die Reihe der Beweisführungen für die Stetigkeit der Entwickelung und Umbildung von Organismenreihen nach bestimmten Richtungen hin einzutreten.

Die nachfolgenden Untersuchungen bezwecken nun zunächst eine Zusammenstellung derjenigen Gattungen und Gruppen, bei welchen anormale Wohnkammern vorkommen, zugleich eine Beschreibung der verschiedenen Formen dieser Wohnkammern. Des weiteren sollen diejenigen Fragen daran geknüpft und untersucht werden, zu welchen diese anormalen Wohnkammerbildungen auffordern: Über die Beziehungen derselben zum gekammerten Teile der Ammonoideenschale und über die Bildung anormaler Wohnkammern überhaupt, über ihre Bedeutung für das Tier, über ihr Auftreten an den einzelnen Ästen und Zweigen des grossen Ammonoideenstammes und über ihren klassifikatorischen Wert.

Für wenig andere Fragen dürfte Prof. J. F. BLAKE's[1] Wort: „Ammonites, at present, form the happy hunting ground of theorists" so voll gelten, wie für die hier zu behandelnden; und ob eine annehmbare Lösung derselben angebahnt ist, möge das Urteil der verehrten Fachgelehrten ergeben.

Für die Diskussion der Formverschiedenheiten zwischen der anormalen Wohnkammer und dem gekammerten Kerne ist es praktisch, sich die Seitenansicht eines Ammoniten auf die Windungsebene projeziert zu denken; der Verlauf des Nabels (Nabellinie) und der Aussenseite (Aussenlinie) ergeben neben den Dickenverhältnissen die Formveränderung.

Mit besonderer Freude nehme ich hier Veranlassung, den besten Dank auszusprechen für das vielfache Interesse und die reiche Förderung, welche mir für diese Arbeit entgegengebracht wurde teils durch wertvolle Mitteilungen, teils dadurch, dass mir Gelegenheit gegeben wurde, Studien an Ammonitenmaterial anzustellen. Besonders danke ich den Herren: Prof. Dr. BRANCO in Tübingen, Prof. Dr.

---

[1] J. F. Blake: On the bases of the classification of Ammonites. Proceed. of the Geologists' Association. 1893. p. 24.

G. H. TH. EIMER in Tübingen, Pfarrer Dr. ENGEL in Eislingen, Oberstudienrat Prof. Dr. O. FRAAS und Dr. EB. FRAAS in Stuttgart, Pfarrer GUSSMANN in Eningen, Dr. E. HAUG in Paris, Dr. O. JAEKEL in Berlin, Buchhändler ED. KOCH in Stuttgart, Oberbergrat Dr. EDM. MOJSISOVICS Edlen von Mojsvár in Wien, L. v. SUTNER in München, Geheimrat Prof. Dr. K. A. v. ZITTEL in München.

I.
Die Gattungen und Gruppen der Ammonoideen mit „anormaler Wohnkammer".

Adrianites GEMMELLARO.

Einzelne Arten der carbonischen Gattung *Adrianites* zeigen in der vorderen Hälfte der Wohnkammer das Bestreben, aus der Spirale herauszugehen und die Röhre etwas zu strecken. Besonders deutlich zeigt dieses Verhalten *Adr. isomorphus* GEMM.[1] Das Vorderende der Wohnkammer wird etwas niedriger, während zugleich die Nabellinie im letzten Teile der Windung der bisher innegehaltenen Spirale gegenüber etwas gestreckt erscheint.

Popanoceras HYATT [incl. *Stacheoceras* GEMMELLARO[2]].

Bei *Popanoceras* kommen neben ganz regelmässig gewachsenen Arten vereinzelt solche mit Formveränderungen der Wohnkammer vor derart, dass der vordere Teil der Wohnkammer fast gerade gestreckt erscheint; typisch zeigt dieses *Pop. Verneuilli* E. v. MOJS.[3] aus der arktischen Trias. Bis nahezu zwei Drittel ihrer Länge nimmt die Wohnkammer schnell an Höhe zu, wobei sich die Aussenseite derselben etwas zuschärft. Im letzten Drittel wird die Wohnkammer schnell niedriger und auf ihrer Aussenseite breiter. Die Nabellinie weicht in diesem letzten Wohnkammerteile von der bisherigen regelmässigen Spirale ab und verläuft bis zum Mundrande etwa in der Richtung des Windungsradius, dabei ungefähr die halbe Höhe des vorletzten Umganges erreichend. Der vordere Teil der Wohnkammer erscheint infolge dieser Ausbildung ziemlich gerade gestreckt.

---

[1] Gemmellaro: La fauna dei calcari con *Fusulina*, Appendice 1888. p. 14. Taf. B Fig. 5.

[2] Gemmellaro, l. c. p. 12 und Neues Jahrb. f. Min. etc. 1890. Bd. II. p. 149.

[3] E. v. Mojsisovics: Arktische Triasfaunen. Mém. d. l'Acad. d. St. Pétersbourg. Bd. XXXIII. p. 69. Taf. 15 Fig. 8, 9.

E. v. MOJSISOVICS (l. c. p. 66) macht darauf aufmerksam, dass diese Wohnkammerveränderung bei einigen Gruppen der Arcesten und Lobiten wiederkäme; wir werden ihr in ähnlicher, mehr oder weniger ausgeprägter Weise auch bei einer Reihe anderer Gattungen, bei *Halorites*, *Oppelia*, *Oecoptychius* begegnen.

Popanoceras geht vom Kohlenkalk bis in die notische Stufe [1].

Pararcestes E. v. MOJSISOVICS [2].
(Gruppe der Arcestes sublabiati und carinati.)

[Vergl. E. v. MOJSISOVICS, Das Gebirge um Hallstatt. I. Abt. Bd. I. p. 94—98. Taf. 55, 56.]

Während die inneren Windungen einen offenen Nabel besitzen, ist der des Wohnkammerumganges callös verschlossen [3]. Vor der Mündung ist der Aussenteil der Wohnkammer stark abgeplattet und z. T. auch stark verbreitert, so dass er, wie bei *Pararc. Zitteli* E. v. MOJS. [4], trapezförmig mit der grösseren Parallelen auf der Aussenseite erscheint. Dieser Verbreiterung der Aussenseite in der Mündungsregion geht bei einigen Formen (z. B. *Pararc. Sturi* E. v. MOJS. [5],

---

[1] Die Stufenbezeichnung der ausserdeutschen Trias ist nach den neuen Arbeiten von E. v. Mojsisovics angewendet worden.

[2] Mojsisovics teilt neuerdings (Das Gebirge um Hallstatt. I. Abt. Bd. II. p. 785 ff.) die Gattung *Arcestes* in 3 Gattungen: *Proarcestes*, *Pararcestes* und *Arcestes* s. str. *Proarcestes* umfasst die Gruppen der Arc. Bramantei, extralabiati, bicarinati, subumbilicati, also diejenigen seither (nach Abtrennung von *Cladiscites*, *Sphingites*, *Joannites*) zu *Arcestes* gerechneten Formen, deren Wohnkammer den inneren Kernen analog gebildet ist. Die Proarcestiden treten im Muschelkalk auf und erlöschen in den obersten Schichten der juvavischen Stufe.

Zu *Pararcestes* werden die Gruppen der Arc. sublabiati und carinati vereinigt: Die Wohnkammer stimmt nicht mit den inneren Kernen überein, Varices auf den Kernen und der Wohnkammer. Muschelkalk (carinati), mittelkarnisch (sublabiati).

Arcestes s. str. umfasst die Gruppen der Arc. coloni, intuslabiati und galeati. Die Wohnkammer weicht von der Form der inneren Kerne ab; die Varices sind nur auf die Kerne beschränkt, auf der Wohnkammer fehlen sie.

Einen isolierten Typus aus der Schicht mit *Lobites ellipticus* erhebt Mojsisovics zu einer vierten Gattung *Ptycharcestes* (*Ptycharc. rugosus* E. v. MOJS.) ohne Formveränderung der Wohnkammer.

[3] Wenigstens ist es so bei den Sublabiaten; — bei den Carinaten (*Arc. carinatus* v. HAU. und *angustus* v. HAU.) aus dem Muschelkalk Bosniens ist wohl auch der Nabel des Wohnkammerumganges offen.

[4] E. v. Mojsisovics, Das Gebirge um Hallstatt. I. Abt. Bd. II. Taf. 56 Fig. 1a, 2b.

[5] Ibidem Taf. 56 Fig. 4b.

acutus E. v. Mojs.¹) in der ersten Hälfte der Wohnkammerlänge eine bedeutende Zuschärfung der Aussenseite voran, die bei *Pararc. acutus* durchaus an die der Arc. galeati erinnert.

Von eigentümlicher Form ist *Pararc. genuflexus* E. v. Mojs.² Die Wohnkammer erleidet dort in ihrem letzten Drittel eine fast rechtwinkelige Knickung, wodurch eine gewisse Ähnlichkeit mit manchen Scaphiten hervorgerufen wird.

Pararcestes tritt im Muschelkalk auf und dann wieder in den Schichten mit *Lobites ellipticus* in der mittelkarnischen Stufe, wo die Gattung erlischt.

Arcestes s. str. [Suess] E. v. Mojsisovics.

Gruppe der Arcestes coloni, intuslabiati, galeati E. v. Mojsisovics.

[Vergl. E. v. Mojsisovics, Das Gebirge um Hallstatt. I. Abt. Bd. I. p. 101—142.]

Die Gruppe der Arcestes coloni weist die geringsten Formveränderungen der Wohnkammer auf. Bei den meisten Formen beschränken sich dieselben auf callösen Nabelverschluss (wodurch ja keine bedeutende Raumänderung des Schalenvolumens bedingt wird) und auf ein Breiterwerden der Aussenseite der Wohnkammer in der Nähe des Mundteiles. Daneben kommen dann auch Formen wie *Arc. opertus* E. v. Mojs.³ vor, welche auf dem mittleren Teile der Wohnkammer eine Neigung zur Zuschärfung der Aussenseite zeigen, wodurch eine Annäherung in der Form an die Gruppe der Galeaten und einzelne Arten der Intuslabiaten (*Arc. ooides* E. v. Mojs.) erzielt wird. Bemerkenswert erscheint bei *Arc. periolcus* E. v. Mojs.⁴, *Arc. conjungens* E. v. Mojs.⁵, *Arc. pachystomus* E. v. Mojs.⁶ das Auftreten einer breiten mehr oder weniger tiefen Einsenkung auf den Flanken der Wohnkammer. Diese Einsenkung befindet sich in der unteren Hälfte der Windungshöhe und läuft der Aussenlinie parallel; bei *Proarc. subumbilicatus* Bronn sp.⁷ kommt eine analoge Einsenkung vor [vergl. die Längsfurche bei Harpoceraten?].

In der Gruppe der Arc. intuslabiati sind Formveränderungen der verschiedensten Art zu konstatieren. Zunächst ist der grossen Mehrzahl der herzuzählenden Arten gemeinsam der callöse Verschluss des Nabels auf der Wohnkammerwindung von Schalenexemplaren,

---

[1] Ibidem Taf. 56 Fig. 5.
[2] „ p. 97. Taf. 50 Fig. 8.
[3] „ Bd. I. Taf. 55 Fig. 1.
[4] „ Taf. 52 Fig. 4, 6.
[5] Ibidem Taf. 52 Fig. 7.
[6] „ „ 52 „ 8.
[7] „ „ 66 „ 1a.

während der Nabel der inneren Windungen offen ist (vergl. hier E. v. Mojsisovics, Das Gebirge um Hallstatt. I. Abt. Bd. I. Taf. 44 Fig. 7, innerer Kern von *Arc. intuslabiatus* mit offenem Nabel, und Taf. 43 Fig. 1 Wohnkammerexemplar derselben Art). Gegenüber dem inneren Kerne ist die Wohnkammer auch in ihrer Richtung etwas verändert, indem die Aussenlinie des Ammoniten mit Beginn der Wohnkammer eine Knickung erleidet (vergl. *Arc. bicornis* v. Hau. sp.[1], *Arc. nannodes* E. v. Mojs.[2], *Arc.* sp. indet.[3]). Diese Knickung ist meistens nur sehr gering ausgeprägt, und bei Exemplaren mit Mundrand ist sie infolge der mehr als einen Umgang messenden Wohnkammer äusserlich kaum wahrnehmbar.

Im vorderen Teile der Wohnkammer macht sich bei einer grossen Anzahl von Formen eine Verbreiterung der Aussenseite bemerkbar, ähnlich wie bei der Gruppe der Arcestes coloni. Diese Verbreiterung wird bei einzelnen Arten so bedeutend, dass die Windung hier dicker ist als in der Nabelgegend, so bei *Arc. platystomus* E. v. Mojs.[4]. Verbunden mit dieser Verbreiterung ist oft eine bedeutende Erhöhung des Windungsquerschnittes[5]. Daneben kommen aber auch Formen vor, bei denen die Aussenseite des vorderen Wohnkammerteiles nicht verbreitert ist: *Arc. intuslabiatus* E. v. Mojs.[6], *Arc. monocerus*[7] u. a. m. Wie bei der Gruppe der Arc. coloni durch *Arc. opertus* eine Anlehnung an die Gruppe der Galeati erzielt wurde, so finden wir auch in der Gruppe der Intuslabiaten Formen, welche eine Zuschärfung der Aussenseite der Wohnkammer aufweisen, verbunden mit bedeutendem Anwachsen der Windungshöhe, namentlich im mittleren Teile der Wohnkammerlänge; so bei *Arc. ooides* E. v. Mojs.[8] (cf. Taf. IV Fig. 11), *megalosomus* E. v. Mojs.[9], *pseudogaleatus* E. v. Mojs.[10]; letztere Art zeigt in ihrer äusseren Form vollkommenste Ähnlichkeit mit *Arc. gigantogaleatus* E. v. Mojs.

Von Interesse ist es, dass die ältesten karnischen Arten dieser Gruppe *Arc. bicornis* v. Hau. sp., *Richthofeni* E. v. Mojs., *decipiens* E. v. Mojs., nur ganz geringe Wohnkammerabänderungen aufweisen, während die jüngeren juvavischen Arten grössere Änderungen erleiden.

Die juvavische Gruppe der Arc. galeati zeigt durchgängig gegen-

---

[1] Ibidem Taf. 47 Fig. 6.
[2] " " 47 " 9.
[3] " " 45 " 2.
[4] " " 41 " 1 b.
[5] " " 48 " 1 b bei *Arc. cylindroides*.
[6] Ibidem Taf. 43 Fig. 1.
[7] " " 48 " 3.
[8] " " 38 " 3 a.
[9] " " 42.
[10] " " 40.

über den kugeligen inneren Kernen Wohnkammerwindungen, deren Aussenseite zugeschärft ist, z. T. so stark, dass die Aussenseite fast schneidend erscheint (cf. *Arc. gigantogaleatus* E. v. MOJS.[1]).

Die Gattung *Arcestes* s. str. beginnt in der karnischen Stufe und erlischt in der juvavischen.

Lobites E. v. MOJSISOVICS.

Die zur Gattung *Lobites* gehörenden Arten lassen sich nach der Art und Weise der Formveränderungen, welche ihre Wohnkammern erleiden, in zwei grosse Formenkreise trennen. Dem ersten derselben gehören an die

Gruppe des *Lobites pisum* MÜNST. sp.
„   „ *Lobites ellipticus* v. HAUER sp.

und eine Anzahl der von v. MOJSISOVICS im Gebirge um Hallstatt (I. Abt. Bd. I) beschriebenen isolierten Lobitentypen; den zweiten bilden die

Gruppe des *Lobites monilis* LAUBE sp.
und   „   „ *Lobites Naso* E. v. MOJS.

Bei beiden Kreisen beträgt die Wohnkammer etwas mehr als einen Umgang. Die Formveränderungen der Wohnkammern bei dem ersten Kreise sind die folgenden: Bald nach Beginn der Wohnkammer ändert sich der Windungsquerschnitt, die Windungshöhe nimmt schneller zu und der Aussenteil der Windung wird etwas zugeschärft. Im letzten Drittel wird dann die Wohnkammer wieder niedriger, die Aussenseite wird breiter. Die Schale erhält dadurch einen stumpf elliptischen Umriss. Die Nabellinie erfährt dabei auch wesentliche Veränderungen ihrer Richtung. Die inneren Kerne sind bei allen Formen sehr enggenabelt. Am Wohnkammerumgange bleibt der Nabel entweder gleich enge, oder er wird callös verschlossen. Doch nicht für den ganzen Wohnkammerumgang ist dieses Verhalten der Nabellinie gleichbleibend: im letzten Teile der Wohnkammer, dort wo sie anfängt, niedriger und breiter zu werden, verlässt die Nabellinie die bisher innegehaltene Richtung und verläuft entweder in einem sehr flachen Bogen oder einer fast geraden Linie bis zum Mundrande. Sie legt sich dabei in fast radialer Richtung auf den vorletzten Umgang, z. T. bis über die Hälfte der Höhe desselben hinaus. Es ist dieses eine Art der Formänderung der Wohnkammer, wie sie uns in ganz ähnlicher Weise wieder bei *Halorites* begegnet.

---
[1] Ibidem Taf. 34, 35.

Eine der Arten aus der Gruppe des *Lob. ellipticus*, *Lob. Waageni* E. v. Mojs.[1], erinnert in ihren Umrissen bereits an den zweiten der oben unterschiedenen Kreise, indem nämlich hier ein zweimaliges Anwachsen und Vermindern der Wohnkammerhöhe stattfindet; das erste in dem Anfangsteile der Wohnkammer.

Im zweiten Kreise (Gruppen des *Lob. monilis* und *Naso*) treten Formänderungen gleich mit Beginn der Wohnkammer ein: Die Wohnkammer beginnt mit einem mehr oder minder hohen Wulste, vor demselben nimmt sie (etwas weniger als $1/4$ Umgang lang) sehr schnell an Höhe zu; die Aussenseite bildet hier eine breite wenig gewölbte Fläche, am Ende dieser Fläche knickt die Wohnkammer stark um, wobei sie dann etwas niedriger wird. Im letzten Drittel folgt dann häufig eine breite tiefe Einschnürung, vor welcher die Wohnkammer dann meistens noch mehr oder weniger stark aufgebläht ist, um gegen den Mundsaum wieder enger zu werden und so eine „Kapuze" zu bilden, welche vor oder hinter dem Knie der Wohnkammer endigt. Die Nabellinie erleidet im letzten Drittel der Wohnkammer die analoge Richtungsänderung, wie bei den Gruppen des *Lob. pisum* und *ellipticus*.

Zur besseren Erläuterung der Formänderungen des zweiten Lobitenkreises gebe ich (cf. Taf. IV Fig. 1, 2) die Zeichnung eines Umrisses von *Lob. Laubei* E. v. Mojs.[2] und eines Medianschnittes von *Lob. Suessi* E. v. Mojs.[3] Die zuletzt besprochenen Wohnkammerformen erinnern durch ihre Kniebildung an *Homerites*, auch lässt sich z. T. eine gewisse Formähnlichkeit mit der im Callovien vorkommenden Gattung *Oecoptychius* nicht verkennen.

Die Lobiten erscheinen zuerst im indischen Muschelkalk, dann kommen sie vereinzelt in der norischen Stufe vor; sie blühen in der karnischen Stufe und hier besonders in der Zone des *Lob. ellipticus*. Jünger als karnischen Alters scheinen keine Lobiten bekannt zu sein.

Didymites E. v. Mojsisovics[4].
Gruppe des *Amm. globus* Quenstedt.

Die kleine, isoliert dastehende Gattung *Didymites*, welche unvermittelt in der mittleren Abteilung der juvavischen Stufe auftritt und in derselben auch bereits wieder erlischt, zeigt im letzten Teile

---

[1] Ibidem 1. Abt. Bd. I. p. 164. Taf. 69 Fig. 9.
[2] „ „ „ 70 „ 10 a.
[3] Ibidem Taf. 69 Fig. 26.
[4] „ p. 151—154. Taf. 59, 60.

der Wohnkammer eine geringe Formänderung: der enge Nabel wird etwas weiter, indem die Nabellinie hier von der engen bisher innegehaltenen Spirale abweicht und bis zum Mundrande einer weiteren Spirale folgt. Die Wohnkammer wird dadurch in ihrem vorderen Teile etwas niederer.

Halorites E. v. Mojsisovics.

(Vergl. 1893. E. v. Mojsisovics: Das Gebirge um Hallstatt. I. Abt. Bd. II. p. 11 ff. und 1879. E. v. Mojsisovics: Vorläufige Übersicht der Ammonitengattungen der mediterranen und juvavischen Triasprovinz. Verhandl. d. k k. geol. Reichsanstalt. p. 136.)

Die einen ganzen Umgang einnehmende Wohnkammer weicht sehr erheblich von den inneren gekammerten Kernen ab. Diese letzteren werden gebildet von niedrigen, stark umfassenden Windungen, welche nur einen engen Nabel offen lassen. Mit Beginn der Wohnkammer tritt eine wesentliche Änderung der Wachstumsverhältnisse ein: die Windung nimmt bis etwa zur Hälfte ihrer Länge schnell an Höhe zu, wobei sie sich zugleich nach der Aussenseite zu sehr stark verjüngt. Der Windungsquerschnitt zeigt in $^1/_2$ der Wohnkammerlänge die Form eines Keiles, dessen grösste Breite im Nabel des Ammoniten liegt, zur Mündung hin wird die Wohnkammer wieder niederer und in der Aussenregion breiter. Die Breite der Aussenseite ist nahe der Mündung wenig geringer als in der Nabelgegend. Die Aussenlinie der Wohnkammer eines *Halorites* verläuft nicht in einem Spiralenteile, sondern in einer kurzen Ellipse. Die Windungshöhe unterliegt im Bereiche des letzten Umganges (der Wohnkammer) ganz bedeutenden Änderungen; ich mass folgende Höhen der Wohnkammer bei:

	am Beginn	in der Mitte	am Ende
Hal. *Ramsaueri* Quenst. sp. . . .	45 mm	60 mm	50 mm
„ „ „ „ . . .	36 „	57 „	46 „
„ *suavis* E. v. Mojs.	24 „	29 „	20 „
„ *superbus* E. v. Mojs. . . .	41 „	63 „	59 „
„ *Didonis* E. v. Mojs.	37 „	54 „	42 „
„ *catenatus* v. Buch sp. . . .	39 „	52 „	50 „

Der Nabel ist bei den inneren Windungen eng aber offen; mit Beginn der Wohnkammer wird er in den meisten Fällen callös verschlossen und macht sich nur als ganz schwache Vertiefung bemerkbar. Von dieser aus legt sich die Nabellinie (aber erst in der zweiten Hälfte der Wohnkammer) entweder in einem ganz flachen Bogen (fast gerade) auf den vorhergehenden Umgang in beinahe radialer

Richtung und reicht beinahe bis zu $^1/_3$ oder gar $^1/_2$ der Höhe desselben hinauf, wodurch der letzte Teil der Wohnkammer gestreckt erscheint, wie bei *Hal. Ramsaueri* QUENST. sp.[1], *Hal. Didonis* E. v. MOJS.[2], *Hal. Canavari* E. v. MOJS.[3]; — oder die Nabellinie verläuft, nachdem sie den engen Nabel verlassen hat, im Bereiche der zweiten Hälfte der Wohnkammer in gewölbterem Bogen, wie bei *Hal. Barrandei* E. v. MOJS.[4], *Hal. mitis* E. v. MOJS.[5], *Hal. superbus* E. v. MOJS.[6], *Hal. suavis*[7].

Eine eigenartige Stellung nimmt *Hal. semiplicatus* v. HAU. sp.[8] ein durch den ausserordentlich weiten Nabel der letzten Windung; die Nabellinie verläuft hier in einer sehr viel weiteren Spirale als im Bereiche der inneren Windungen.

Neben Formen mit anormaler Wohnkammer konstatierte MOJSISOVICS aber auch solche mit Wohnkammern von ganz normaler Ausbildung, die in ihrer Form nicht von den inneren Kernen abwichen, wie *Hal. Capellini* E. v. MOJS.[9] und *Hoffi*[10]; — es sind das Formen von ganz besonderem Interesse, deren weiter unten noch Erwähnung gethan werden soll.

Die Haloriten beschränken sich ganz auf die juvavische Stufe der alpinen Trias.

Als Untergattung schliesst MOJSISOVICS an *Halorites* zwei kleinere Gruppen unter den Namen:

Jovites (Typus: *Jov. dacus* E. v. MOJS.[11])

und *Homerites* (Typus: *Hom. semiglobosus* v. HAU. sp.[12]).

Jovites ähnelt in seiner ganzen äusseren Form den Haloriten und die Umgestaltungen der Wohnkammer, welche wir bei *Halorites* kennen lernten, wiederholen sich in ganz analoger Weise bei *Jovites*. Die Kerne sind kugelig; die Wohnkammer nimmt schnell an Höhe

---

[1] E. v. Mojsisovics, Das Gebirge um Hallstatt. I. Abt. Bd. II. p. 32. Taf. 76 Fig. 1, Taf. 77 Fig. 1.

[2] Ibidem p. 38. Taf. 76 Fig. 2. [4] Ibidem p. 40. Taf. 76 Fig. 1.

[3] „ „ 39. „ 82 „ 2. [6] „ „ 21. „ 81.

[4] „ „ 37. „ 82 „ 1. [7] „ „ 44. „ 124 „ 13.

[8] v. Hauer, Neue Cephalopoden a. d. Marmorsch. v. Hallstatt u. Aussee in Haidinger's Naturw. Abhdl. III. 1850. p. 20. Taf. VI Fig. 6—8, und: Mojsisovics, Das Gebirge um Hallstatt. I. Abt. Bd. II. p. 45. Taf. 77 Fig. 2.

[9] E. v. Mojsisovics, Das Gebirge um Hallstatt. I. Abt. Bd. II. p. 27. Taf. 86 Fig. 4.

[10] Ibidem p. 29. Taf. 79 Fig. 2. [12] Ibidem p. (13, 14, 57 ff.) 57. Taf. 89 Fig. 1.

[11] „ „ (13, 14, 49 ff.) 49.

Taf. 84 Fig. 1—6.

zu, ihre Aussenseite wird schärfer: gegen die Mündung wird die Wohnkammer wieder niedriger und auf der Aussenseite breiter, die Breitenzunahme der Aussenseite ist jedoch nicht so bedeutend wie bei *Halorites*. *Jovites dacus* erleidet im Bereiche der Wohnkammer folgende Höhenänderungen:

	am Beginn	in der Mitte	am Ende
	25 mm	35 mm	27 mm
	23 „	30 „	20 „
	19 „	23 „	15 „
	20 „	25 „	19 „
Jov. bosnensis	17 „ [1]	36 „	17 „

Der Nabel der inneren Windungen ist sehr eng, im Wohnkammerumgange wird er geschlossen. Nach einer Wohnkammerlänge von etwa $^1/_4$ Umgang wird der Nabel plötzlich sehr weit; in der zweiten Hälfte der Länge der Wohnkammer lässt diese einen grossen Teil der vorhergehenden Windung sehen. Die Nabellinie verläuft in stark gebogenem Haken; im letzten Drittel der Wohnkammer ist der Bogen der Nabellinie flach.

Jovites tritt in den mittleren Schichten der karnischen Stufe auf und reicht bis in die unterste Abteilung der juvavischen Stufe.

Bei *Homcrites*[2] tritt mit Beginn der (einen Umgang einnehmenden) Wohnkammer eine ganz plötzliche Höhenzunahme der Windung ein; die Höhe nimmt innerhalb einer ganz kurzen Strecke bis beinahe um das Zweifache ihres Betrages zu. Die Aussenseite der Windung steigt in ziemlich steilgerichteter Fläche plötzlich an. Der Punkt der grössten Höhenzunahme ist noch besonders durch zwei grosse hohle Dornen bezeichnet, welche sich vor die Wohnkammermündung stellen und diese zum Teil verdecken. Die Windung bildet hier ein ziemlich scharfes Knie, von dem aus die Höhe stetig bis zum Mundrande abnimmt. Die Breite der Windung bleibt ungefähr gleich, infolgedessen muss der Wohnkammerumgang weniger umfassend sein als die Umgänge des Kernes. Der bis zum Beginn der Wohnkammer sehr enge Nabel wird in der letzten Windungshälfte weiter, die Nabellinie verläuft in breiterem flacherem Bogen.

Mit der Änderung der Wachstumsverhältnisse bei Beginn der Wohnkammer erleidet *Homerites* auch eine sehr wesentliche Änderung der Skulptur: die schwach skulpierten Windungen erhalten plötzlich sehr kräftige Rippen, welche auf der Aussenseite durch einen Kiel unterbrochen werden, neben dem kräftige hohle Dorne

---

[1] Ibidem p. 52. Taf. 83 Fig. 2.   [2] Ibidem Taf. 89 Fig. 1, 3, 4, 7.

stehen. Auch bei *Halorites* und *Jovites* ist eine Änderung der Skulptur mit Beginn der Wohnkammer zu beobachten, keineswegs aber in so krasser Weise wie hier.

Homerites ist auf die Zone des *Tropites subbullatus* im oberen Teile der karnischen Stufe beschränkt.

Isulcites E. v. Mojsisovics.

(Vergl. 1893. E. v. Mojsisovics: Das Gebirge um Hallstatt. I. Abt. Bd. II. p. 64—73.)

Die kleine nur durch etwa 10 Arten vertretene Gattung *Isulcites* weist in bezug auf Wohnkammerabweichungen die interessantesten Unterschiede auf. Wir können nach diesen 4 Gruppen aufstellen:

1. Wohnkammer ohne jede Formänderung: *Isulc.* nov. f. indet. (E. v. Mojs.)[1].

2. In der zweiten Hälfte der Wohnkammer geht die Nabellinie aus der bisherigen engen Spirale heraus und verläuft in flacherem Bogen. Die Nabelerweiterung ist nur gering. Die Aussenlinie weicht nicht vom regelmässigen Verlaufe ab: *Isulc. Baltzeri* E. v. Mojs., *Isulc. Petrarcae* E. v. Mojs., *Isulc. Wiereri* E. v. Mojs.

3. Mit Beginn der Wohnkammer tritt eine (nicht besonders grosse) Erweiterung des Nabels ein: die Nabellinie bildet einen flacheren Bogen. Die Aussenlinie ändert ihre Richtung nicht: *Isulc. Hauerinus* Stol. sp., *Isulc. Heimi* E. v. Mojs., *Isulc. subdecrescens* E. v. Mojs.

4. Bereits auf dem letzten Ende des gekammerten Teiles findet eine Erweiterung des Nabels statt, und geht auf den Wohnkammerteil über. Der Nabel der inneren Kerne ist sehr eng; der plötzlich erweiterte Nabel der Wohnkammer ist nach einer neuen sehr viel weiteren Spirale gebaut; die Aussenlinie bleibt ungeändert: *Isulc. decrescens* v. Hau. sp., *Isulc. obolinus* v. Dittm. sp.

Es wäre von Interesse, wenn diese verschiedenen Gruppen in regelmässiger Weise geologisch verteilt wären; das ist aber nicht der Fall. Die älteste bekannte Form, *Isulc. Hauerinus* Stol. sp. aus dem Muschelkalke Indiens, zeigt bereits eine bedeutende Formänderung der Wohnkammer, während der einzige nicht formändernde Vertreter dieser Gattung erst in den mittleren Schichten der karnischen Stufe gefunden ist. Die anderen Arten mit grösserer und geringerer Abänderung der Wohnkammerform kommen miteinander gleichzeitig vor.

---

[1] E. v. Mojsisovics, l. c. p. 70. Taf. 87 Fig. 7.

Zeitliche Verteilung: Im Muschelkalk Indiens (1 Art), dann von den mittleren Schichten der karnischen Stufe bis in die unteren der juvavischen.

Juvavites E. v. Mojsisovics
mit den Untergattungen: *Anatomites* und *Dimorphites*.

[Vergl. E. v. Mojsisovics, Das Gebirge um Hallstatt. I. Abt. Bd. II. p. 74—152.]

Häufig kommt bei den jetzt von v. Mojsisovics zu *Juvavites* gestellten Arten eine geringe Formveränderung der Wohnkammer vor. Diese geht derart vor sich, dass die Nabellinie des Wohnkammerumganges nicht gemäss der Spirale der inneren Umgänge weiterwächst, sondern sich an die Nabellinie des vorletzten Umganges anlehnt. Hierdurch wird eine Verengung des Nabels, der übrigens auch schon auf den inneren Umgängen als enge zu bezeichnen ist, bedingt, so bei *Juvav. continuus* E. v. Mojs.[1], *Ehrlichi* v. Hau.[2], *subinterruptus* E. v. Mojs.[3] Der Querschnitt der Windung ändert sich im Bereich der Wohnkammer im allgemeinen nicht; seltene Ausnahmen bilden hier *Juvav. Chamissoi* E. v. Mojs.[4] und *Halavátsi* E. v. Mojs.[5] Bei dem ersteren wird die Aussenseite der Wohnkammer gegenüber derjenigen der inneren Windungen stark verbreitert und abgeflacht; bei *Juvav. Halavátsi* tritt das Umgekehrte ein. *Juvav. Chamissoi* ist besonders bemerkenswert durch das Auftreten von an die Parabelohren der Perisphincten erinnernden Randknoten an der Aussenseite.

Juvavites tritt in den mittleren Schichten der karnischen Stufe auf und scheint vor Ende der juvavischen Stufe auszusterben.

Tropites E. v. Mojsisovics
mit den Untergattungen: *Anatropites, Paulotropites, Paratropites* und *Microtropites*.

[Vergl. E. v. Mojsisovics, Das Gebirge um Hallstatt. I. Abt. Bd. II. p. 184—263.]

Die ausgezeichnete Bearbeitung dieser Gattung mit ihren Untergattungen durch E. v. Mojsisovics lehrt uns bei einer sehr grossen Anzahl von Arten Formveränderungen der Wohnkammer resp. der letzten Windung kennen, welche neben z. T. nahe verwandten Formen

---

[1] Ibidem p. 77. Taf. 89 Fig. 12. [2] Ibidem p. 79. Taf. 89 Fig. 11.
[3] Ibidem p. 90. Taf. 89 Fig. 13. Taf. 90 Fig. 3. Diese beiden Figuren ergeben sehr gut den Unterschied zwischen dem Nabel des gekammerten Kernes und dem der Wohnkammerwindung.
[4] Ibidem p. 94. Taf. 87 Fig. 2. [5] Ibidem p. 99. Taf. 129 Fig. 22.

existieren, bei denen keine Wachstumsänderungen der Wohnkammer nachzuweisen sind. Eine dieser Untergattungen, *Paratropites* (Typen: *Paratrop. Phöbus* v. DITTM. sp.[1] und *Paratrop. Saturnus* v. DITTM. sp.[2], enthält nur Arten, bei denen die Wohnkammer durchaus regelmässig nach Art der vorgehenden gekammerten Windungen gestaltet ist. Die Mehrzahl der zu *Tropites* s. str. und zu den anderen Untergattungen zu zählenden Arten zeigt anormale Wohnkammern; doch kommen auch hier Arten von ganz regelmässigem Wohnkammerbau vor, wie *Trop. Payeri* E. v. MOJS.[3], *Trop. Keili* E. v. MOJS.[4], *Trop. Wodani* E. v. MOJS.[5], *Anatrop. Hauchecorni* E. v. MOJS.[6]

Die übrigen Arten zeigen Änderungen der Wohnkammerform in verschiedener Ausdehnung und verschiedenem Betrage. Bei *Trop. Ausonii* E. v. MOJS.[7] und *Trop. singularis* E. v. MOJS.[8] beginnt die Formänderung der Wohnkammer erst in der vorderen Hälfte derselben; bei den Paulotropiten (*Paulotrop. Janus* v. DITTM. sp.[9]) ist sie nur in geringem Masse vorhanden, während sie bei *Trop. Schafhäutli*[10] z. B. zu ganz bedeutenden Unterschieden zwischen dem vorletzten und letzten Umgange führt.

Die Art der Formänderung ist bei allen durch dieselbe ausgezeichneten Tropiten wesentlich die gleiche: Im Bereiche der Wohnkammer (die bis nahezu $1^1/_2$ Umgänge betragen kann) findet ein Gleichbleiben oder eine stetige langsame Abnahme der Windungsdicke statt, womit ein schnelleres Wachsen der Windungshöhe verbunden ist. Die Aussenlinie der Wohnkammer verläuft dem schnelleren Höhenwachstum der Wohnkammer entsprechend in einer etwas weiteren Spirale als die der inneren Kerne. Die Nabellinie verläuft dabei an der Wohnkammer in weiterer Spirale als bisher, wodurch ein grösserer oder geringerer Teil des vorhergehenden Umganges unbedeckt bleibt.

Bei den Paulotropiten und Anatropiten weicht die Nabelspirale der Wohnkammer nur wenig von der der inneren Kerne ab; bei *Tropites* s. str. kann dieses Verhältnis so steigen, dass, wie bei *Trop. Schafhäutli*, das Vorderende der Wohnkammer kaum $^1/_4$ des vorletzten Umganges bedeckt. Taf. IV Fig. 12 wiederhole ich ein Diagramm durch *Trop. subbullatus* v. HAU. sp. nach E. v. MOJSISOVICS

---

[1] Ibid. p. 239. Taf. 116 Fig. 11—14.
[2] „ p. 240. „ 113 „ 20—22.
[3] „ „ 220. „ 113 „ 11.
[4] „ „ 220. „ 113 „ 16.
[5] „ „ 221. „ 116 „ 6.
[6] Ibid. p. 226. Taf. 127 Fig. 14, 15.
[7] „ „ 217. „ 110 „ 4.
[8] „ „ 222. „ 129 „ 13.
[9] „ „ 231. „ 112 „ 10—12.
[10] „ „ 207. „ 111 „ 1.

(l. c. Taf. 106 Fig. 7); es zeigt dieses besonders gut die Veränderungen der Höhe und Breite des Wohnkammerumganges gegenüber den Windungen des gekammerten Kernes. Bemerkenswert ist dabei auch die Änderung des Nabelbandes: während dasselbe auf den Kernwindungen eine gleichmässig geneigte Trichterfläche beschreibt, wird es auf der Schlusswindung immer steiler und niederer.

Eine eigenartige Formänderung erleidet die Wohnkammer von *Microtrop. Lepsiusi* E. v. Mojs.[1]: In der zweiten Hälfte der Wohnkammer stellen sich kräftige Marginalknoten ein, welche einen eigentümlich eckigen Windungsquerschnitt bedingen.

Die grösste Mehrzahl der Tropiten ist karnischen Alters, doch gehen vereinzelte Nachkommen auch in die juvavische Stufe hinüber. Die Arten mit regulär gewachsener Wohnkammer sind alle karnischen Alters.

Canavari[2] beschreibt unter dem Namen *Trop. ultratriasicus* ein Vorkommnis aus dem unteren Lias von La Spezia. Auf Grund einschneidender Sculpturverhältnisse soll diese Art als Typus einer neuen von *Tropites* als *Pseudotropites* zu trennenden Gattung zu betrachten sein, deren Charakterisierung durch Herrn Wähner in Aussicht gestellt ist[3].

Styrites E. v. Mojsisovics.

[Vergl. 1893. E. v. Mojsisovics, Das Gebirge um Hallstatt. I. Abt. Bd. II. p. 264—282. Taf. 120, 121, 129.]

Unter dem Namen *Styrites* fasst E. v. Mojsisovics eine Reihe von Arten aus der karnischen Stufe zusammen, welche den von Dittmar'schen Arten *Amm. signatus, niger, vermetus*[4] verwandt sind. Der äusseren Form nach erinnern diese Arten lebhaft an die Oxynoten des unteren Lias. Nach E. v. Mojsisovics gehört *Styrites* trotz der sehr einfachen ganzrandigen (clydonitischen) Loben zu demselben Stamme wie *Tropites*.

Die häufig vorkommenden Formveränderungen der Wohnkammer sind ganz die gleichen, wie wir sie bei den Cymbiten des Lias kennen lernen werden: Die Windungsbreite bleibt im Bereiche der $^3/_4$ bis 1 Umgang messenden Wohnkammer in den meisten Fällen dieselbe.

---

[1] Ibidem p. 259. Taf. 119 Fig. 9, 10.
[2] Palaeontographica. Bd. XXIX. p. 184. Taf. VII Fig. 1—5.
[3] E. v. Mojsisovics, l. c. p. 186.
[4] v. Dittmar, Fauna der Hallstätter Kalke; Benecke's Beiträge Bd. I. p. 364, 365. Taf. 15 Fig. 8, 9, 16—21.

Während die Aussenlinie der Wohnkammer dabei in regelmässiger Spirale bis zu Ende weiter wächst, wird die Nabellinie gezwungen — soweit sie der Wohnkammer angehört —, einer weiteren Spirale zu folgen, als im Bereich des gekammerten Teiles der Schale; die Wohnkammer wird dadurch gegen das Ende hin relativ niedriger. Z. T. beginnen die Formveränderungen der Wohnkammer erst in der zweiten Hälfte derselben (*Styr. Wiesneri*, *Häckeli* etc.), z. T. tritt die Formänderung bereits mit Beginn der Wohnkammer ein (*Styr. aberrans*, *subniger* etc.).

Der vordere Teil der so veränderten Wohnkammer zeigt dann häufig auch das Auftreten einer etwas deutlicheren Skulptur: Die feinen Anwachsstreifen der fast glatten inneren Windungen machen mehr oder weniger kräftigen Rippen Platz.

Neben Arten, deren Wohnkammer anormal wird, tritt aber auch eine Reihe anderer Arten auf, welche eine in durchaus regelmässiger Spirale gebaute Wohnkammer besitzen (*Styr. Ferdinandi*, *Sappho*, *Carolus*, *altus*, *vermetus*).

Verbreitung: *Styrites* tritt unvermittelt in den mittleren Schichten der karnischen Stufe auf und stirbt in der Zone des *Tropites subbullatus* bereits aus.

Miltites E. v. Mojsisovics.

[Vergl. 1893. E. v. Mojsisovics, Das Gebirge um Hallstatt. I. Abt. Bd. II. p. 334—345.]

Die Miltiten erinnern in ihrer Form an gewisse Arten der Juvaviten. Wohnkammeränderungen sind nur bei einer Art, *Milt. Hölderi* E. v. Mojs.[1] in geringer Ausdehnung beobachtet worden. Der Wohnkammerumgang wird in seinem vorderen Teile auf den Flanken wie auf der Aussenseite flacher, die Wohnkammer erhält dadurch einen mehr oblongen Querschnitt gegenüber dem kurzelliptischen der inneren Umgänge. *Milt. Hölderi* gehört, wie fast alle Miltiten, der karnischen Stufe, der Schicht mit *Lobites ellipticus* an; nur zwei Arten gehen in höhere Schichten hinauf: *Milt. Fuchsi* E. v. Mojs. kommt in der Zone des *Tropites subbulatus*, *Milt. Pauli* in der Zone des *Sagenites Giebeli* (unterstes Juvavisch) vor.

Haidingerites E. v. Mojsisovics.

[Vergl. 1893. E. v. Mojsisovics, Das Gebirge um Hallstatt. I. Abt. Bd. II. p. 393—394. Taf. 119 Fig. 15.]

Haidingerites, durch die einzige Art *Haid. acutinodis* Fr. v. Hauer sp. repräsentiert, zeigt in der zweiten Hälfte des Wohnkammer-

---

[1] E. v. Mojsisovics, l. c. p. 336. Taf. 126 Fig. 4.

umganges ein geringes Weiterwerden des Nabels; die Aussenlinie bleibt der bisher verfolgten Spirale treu.

Haidingerites steht den Celtiten nahe.

Vorkommen: karnische Stufe, Schichte mit *Lobites ellipticus*.

Pinacoceras E. v. Mojsisovics.

Nur zwei Arten dieser Gattung zeigen eine anormale Wohnkammer. Es sind das:

Pinac. *Layeri* Fr. v. Hauer sp.[1] und
„ *Imperator* Fr. v. Hauer sp.[2]

Pinac. Layeri, welches eine isolierte Stellung neben den von E. v. Mojsisovics unterschiedenen Pinacoceraten-Reihen einnimmt, hat einen sehr enggenabelten Kern. Auf der Wohnkammer wird der Nabel sehr weit, indem die Nabellinie hier plötzlich in eine neue gegenüber der der inneren Windungen sehr weite Spirale übergeht, während die Aussenlinie der Wohnkammer in der bisher verfolgten Spirale weiter wächst, so dass der Wohnkammerumgang auf diese Weise sehr niedrig wird. E. v. Mojsisovics (l. c. p. 42) sagt von dieser Ausbildung, dass sie an die senile Degeneration der Kreidecephalopoden erinnere und wohl als ein Analogon derselben zu betrachten sein dürfe.

Ganz ähnliches Verhalten der Nabellinie wie bei *Pinac. Layeri* treffen wir wieder bei einigen Isulciten (*Isulc. decrescens, semiplicatus*), ferner z. B. bei *Oppelia Renggeri* (Taf. IV Fig. 6) und *Morphoceras dimorphum* d'Orb. sp. Die eigentümliche gewellte Ausbildung der Aussenseite erinnert an *Harpoc. Gümbeli* Opp. sp.

Pinac. Layeri gehört der karnischen Stufe an.

Bei der von Fr. v. Hauer gegebenen Abbildung von *Pinac. Imperator* folgt der Nabel auf dem Wohnkammerumgange einer etwas weiteren Spirale als auf den inneren Windungen; doch ist diese Nabelerweiterung keineswegs so erheblich wie bei *Pinac. Layeri*. *Pinac. Imperator* bildet das **jüngste** (juvavische) Glied der Reihe des *Pinac. Imperator* (E. v. Mojs.).

---

[1] Fr. v. Hauer, Neue Cephalopoden aus dem roten Marmor von Aussee. Haidinger's Naturw. Abhandl. Bd. I. p. 269. Taf. 9 Fig. 1—3 und E. v. Mojsisovics, Das Gebirge um Hallstatt. I. Abt. Bd. I. p. 63. Taf. 23 Fig. 1—6.

[2] Fr. v. Hauer, Neue Cephalopoden aus den Marmorschichten von Hallstatt und Aussee. Haidinger's Naturw. Abhandl. Bd. III. p. 21. Taf. 6 Fig. 1—3.

Ptychites E. v. Mojsisovics.

Bei *Ptychites* sind nur wenige Arten mit geringem Grade von Anormalität der Wohnkammer beobachtet worden. Die Wohnkammer wird anormal, indem gegen das Vorderende der Wohnkammer die Schale derselben am Nabelteile callös verdickt wird. Äusserlich, an Schalenexemplaren, ist dabei keine Formänderung zu beobachten; an Steinkernen aber sieht man die Wohnkammer gegen vorne hin infolge der Schalenverdickung am Nabel niederer werden. Besonders deutlich zeigen diese Wohnkammerverengerung:

Ptych. acutus E. v. Mojs.[1] (aus der Gruppe der Ptych. flexuosi),
„ *evolvens* E. v. Mojs.[2] („ „ „ „ „ megalodisci),
„ *eusomus* Beyr. sp.[3] („ „ „ „ „ rugiferi).

Ptychites ist wesentlich auf den Muschelkalk beschränkt; nur zwei Arten: *Ptych. noricus* und *angusto-umbilicatus*, gehören der norischen Stufe des alpinen Keupers an. Es ist bemerkenswert, dass die mit anormaler Wohnkammer ausgestatteten Ptychiten auf den Muschelkalk beschränkt sind und dass die beiden jüngsten Ptychiten einer Gruppe angehören, in welcher bisher keine Formen mit anormaler Wohnkammer gefunden sind, nämlich der Gruppe der Ptychites subflexuosi.

Macroscaphites Bayle.

Die schon von Quenstedt[4] betonten nahen Beziehungen von *Macroscaphites Yvani* d'Orb. sp. zu *Lytoceras recticostatum* d'Orb. sp. haben in neuerer Zeit durch Uhlig[5] derart Bestätigung gefunden, dass man die Macroscaphiten als eine in besonderer Mutationsrichtung ausgebildete Abzweigung des Recticostatenstammes der Lytoceraten ansprechen muss. Charakteristisch für die Macroscaphiten ist das Verhalten der Wohnkammer gegenüber den gekammerten Windungen (cf. Taf. IV Fig. 10). Diese letzteren sind sehr evolut, stehen aber noch durchaus miteinander im Kontakt. Mit Beginn der Wohnkammer löst sich die Schale von der bisherigen Spirale und wird gerade gestreckt. An der Ablösungsstelle bildet der gestreckte Teil

---

[1] E. v. Mojsisovics, Die Cephalopoden der mediterranen Triasprovinz Taf. 65 Fig. 1 (p. 263).
[2] E. v. Mojsisovics, l. c. Taf. 76.   [3] E. v. Mojsisovics, l. c. Taf. 69.
[4] Quenstedt, Die Cephalopoden. p. 275.
[5] V. Uhlig, Die Cephalopodenfauna der Wernsdorfer Schichten. Denkschriften der Wiener Akademie. Bd. 46. p. 201—209.

einen stumpfen Winkel mit dem letzten Ende der Spirale. Später biegt die Röhre um und wächst wieder nach dem gekammerten Schalenteile zu, so einen Haken mit parallelen Armen bildend. An der Winkelungsstelle (nach der Loslösung von der Spirale) zeichnet UHLIG[1] eine Rippe, welche zwei andere vorhergehende gegen die Aussenseite hin abschneidet und überdeckt. Es scheint das darauf zurückzuführen zu sein, dass in dem gestreckten Teile der Schale auf der Innenseite das Wachsen beschleunigt werden musste.

Ausser *Macroscaph. Ywani* D'ORB. sp. werden uns durch UHLIG noch andere durchaus analog gebaute Arten bekannt, die den Beweis liefern, dass die durch *Macroscaph. Ywani* vertretene Mutationsrichtung häufiger eintrat: *Macroscaph. binodosus* UHLIG[2], *Macroscaph. Fallauxi* HOH.[3]

Macroscaphites ist auf das obere Neocom (Barrémien) beschränkt.

Cymbites NEUMAYR, als Untergattung von *Agassiceras* HYATT.
    Gruppe des *Ammonites globosus* QUENSTEDT.
       „   „   *Agassiceras globosum* HAUG.

NEUMAYR[4] nannte die Globosen des unteren und mittleren Lias eine selbständige Gattung unter dem Namen *Cymbites*, und zwar auf Grund der gegen den Mundsaum hin sich verengenden (ausgeschnürten) Wohnkammer. Dieses Merkmal einer anormalen Wohnkammer zeigt von allen hierher zu zählenden Formen am deutlichsten

    Cymbites centriglobus OPPEL sp.[5]

aus der Zone des *Amalth. margaritatus*. Der Ammonit überschreitet einen grössten Durchmesser von 15 mm selten. Bis zum Beginn der einen halben Umgang einnehmenden Wohnkammer wächst er in breiten, niedermündigen, stark umfassenden Windungen, welche einen engen Nabel von regelmässiger Spirale offen lassen. Nach Beginn der Wohnkammer nimmt die Windung stetig an Breite ab, während die Windungshöhe im Bereiche der Wohnkammer ungefähr gleich bleibt; die Aussenlinie weicht kaum von der regelmässigen Spirale ab. Die Breite der Windung am Mundrande ist ziemlich genau die

---

[1] V. Uhlig, l. c. Taf. 9 Fig. 6.   [2] V. Uhlig, l. c. p. 207. Taf. 9 Fig. 7.
[3] V. Uhlig, l. c. p. 208. Taf. 10 Fig. 5.
[4] Neumayr, Über unvermittelt auftretende Cephalopodentypen etc. Jahrb. d. k. k. geol. Reichsanstalt. 1878. p. 64.
[5] Oppel, Palaeont. Mitteil. p. 140.

gleiche wie die des vorhergehenden Umganges an der korrespondierenden Stelle. Dadurch, dass die Wohnkammer nach vorne zu sich verschmälert, wird der Nabel weiter. Der Wohnkammerteil der letzten Windung umfasst die vorhergehende Windung sehr viel weniger, als das bei den inneren Umgängen der Fall ist. Die Nabellinie verläuft vom Beginn der Wohnkammer ab in einem ziemlich flachen Bogen, der dem gewölbten Stiele einer 6 gleicht (cf. Taf. IV Fig. 3).

Die Verminderung der Windungsbreite im Bereich der kurzen Wohnkammer von nur $^1/_2$ Umgang Länge ist bei der kleinen Form recht bedeutend; sie beträgt durchschnittlich 20 %, der Anfangsbreite der Wohnkammer.

Die mit diesem *Cymb. centriglobus* Opp. verwandten Formen sind mit Sicherheit nur aus dem mitteleuropäischen Jura bekannt (eine von Geyer[1] aus den Hierlatzschichten als *Cymb. globosus* beschriebene Form will Haug nicht als zu dieser Gattung gehörend anerkennen). *Cymb. centriglobus* ist wohl das Endglied dieser Reihe, welcher folgende Formen zuzuzählen sind[2]:

Cymbites laevigatus Dumortier sp. — Zone der *Schloth. angulata*,
    „   *globosus a* Quenstedt sp.[3] — Lias a,
    „   *Bérardi* Dumortier sp. — Zone des *Oxynot. oxynotum*,
    „   *globosus β* Quenstedt sp.[4] — „ „ „ „
    „   *globosus γ* Quenstedt sp.[5] — Mittlerer Lias γ,
    „   *centriglobus* Oppel sp.[6] — Zone des *Amalth. margaritatus*.

Bei der ältesten Form, *Cymb. laevigatus* Dum. sp. aus der Angulatenzone, ist von einer Veränderung der Wohnkammerform, resp. von einem Weiterwerden des Nabels noch sehr wenig zu bemerken. Deutlicher ist es bereits bei *Cymb. globosus β* und γ Quenst.: die Wohnkammer nimmt an Breite nicht zu, sie bleibt vom Hinterende bis zum Mundrande gleich breit; dadurch wird ein geringes Weiterwerden des Nabels bewirkt.

Haug ist geneigt, diese globosen Liasformen als einen Zweig

---

[1] Geyer, Cephalopoden d. Hierlatz. Abhandl. d. k. k. geol. Reichsanstalt. 1886. p. 45.
[2] Z. T. nach Haug, Über die Polymorphidae. N. Jahrb. f. Min. etc. Beil.-Bd. II. p. 99, 100.
[3] Quenstedt, Ammoniten p. 108. Taf. 13 Fig. 31.
[4] Quenstedt, ibidem p. 179. Taf. 22 Fig. 46 u. Taf. 42 Fig. 39; Jura p. 103. Taf. 18 Fig. 3, 4.
[5] Quenstedt, ibidem p. 366. Taf. 42 Fig. 38; Jura p. 135. Taf. 16 Fig. 15.
[6] Vergl. Quenstedt, Ammoniten p. 366 ff. Taf. 42 Fig. 29, 30, 32—36.

der Gattung *Agassiceras* HYATT zu betrachten, der sich von *Ag. laevigatum* Sow. sp. (nicht = *Cymb. laevigatum* DUM. sp.) abtrennen soll. Es erscheint das durchaus zulässig, da namentlich in bezug auf Lobenbau, Skulptur und Länge der Wohnkammer keine fundamentalen Unterschiede herrschen. Weiter zurück dürfte man dann die Vorfahren dieser Cymbiten in den Psiloceraten zu suchen haben.

Jedenfalls ist es im vorliegenden Falle gestattet, die eben besprochenen Formen unter dem Namen *Cymbites* (Untergattung von *Agassiceras* HYATT) zusammenzufassen, da sie höchst wahrscheinlich eine zusammenhängende Reihe einheitlichen Ursprunges bilden. Für eine solche einheitliche Reihe, welche nur einer Wurzel entsprossen ist und die sich im Laufe der Entwickelung ein bestimmtes, allmählich immer kräftiger sich ausprägendes Merkmal herausbildet, ist ein Sammel- (Gattungs- oder Untergattungs-) Name durchaus angebracht.

Oppelia WAAGEN, K. A. v. ZITTEL.
Flexuosen v. BUCH, QUENSTEDT.
Denticulaten QUENSTEDT.

Im Bereiche der vom Bajocien bis zum Tithon verbreiteten Gattung *Oppelia* (im Sinne K. A. v. ZITTEL's) stellte WAAGEN[1] im Jahre 1869 für eine Reihe kleiner Formen die Gruppe des *Amm. genicularis* auf, welche er unter dem Namen *Oekotraustes* als eine dritte Untergattung von *Harpoceras* neben *Harpoceras* s. str. und *Oppelia* unterschied. Als Charakteristikum dieser Formengruppe wird ausser dem Ohren tragenden Mundrande bezeichnet: „— — — Wohnkammer von der Spirale abweichend, ein Knie bildend." Wie unten auseinandergesetzt werden soll, ist es unthunlich, *Oekotraustes* als gesonderte Untergattung aufzufassen. WAAGEN stellte die folgenden Formen hierher:

Opp. genicularis WAAG.	— Zone des		*Steph. Humphriesianum,*
	oder „	„	*Park. Parkinsoni,*
„ *subfusca* WAAG.	—	„ „	*Terebr. digona* od. *lagenalis,*
„ *serrigera* WAAG.	—	„ „	„ „ „ „
„ *conjungens* K. MAY. sp.	—	„ „	*Macroceph. macrocephalus,*
„ *Baugieri* D'ORB. sp.[2]	—	„ „	*Pelt. athleta.*

---

[1] W. Waagen, Die Formenreihe des *Ammonites subradiatus*, in Benecke: Geogn.-Palaeont. Beitr. Bd. II. p. 227 u. 251.

[2] *A. Baugieri* D'ORB. wird neuerdings von Munier-Chalmas zum Typus einer Gattung *Horioceras* erhoben, während *A. Renggeri* OPP. als Typus einer Gattung *Creniceras* aufgestellt wird; cf. Munier-Chalmas, Sur la

K. A. v. Zittel[1] zählt dann ferner noch dazu:

Opp.	audax Oppel sp.	— Zone des	Pelt. athleta,
„	Renggeri Oppel sp.[2]	— „ „	Card. Lamberti,
„	crenata Brug. sp.	— „ „	Pelt.transversarium,
„	dentata Rein. sp.	— „ „	Opp. tenuilobata,
(„	n. sp. indet. cf. macrotela Neum.) —	„ „	Aspid. acanthicum,
„	macrotela Oppel sp.[3]	— Tithon.	

Der ganzen Reihe dieser Formen ist das Bestreben eigen, mehr oder weniger bald nach dem Beginn der Wohnkammer in der Nabellinie aus der bis dahin innegehaltenen Spirale herauszugehen; verbunden ist damit das Bestreben, den vorderen Teil der Wohnkammer niederzudrücken. Bei dem Anfangsgliede der Waagen'schen Reihe, bei *Opp. genicularis*, ist die Abweichung der Nabellinie von dem regelmässig spiralen Verlaufe noch äusserst gering, so dass es schwer ist, diese Art von Jugendexemplaren der ihr gleichalterigen *Opp. subradiata* Sow. sp., welche vielleicht ihre Mutter- oder Schwesterform repräsentiert, zu unterscheiden. Die folgenden Formen: *Opp. serrigera, subfusca, conjungens* und auch *Baugieri* zeigen das unregelmässige Wohnkammerwachstum in deutlichem Masse. Es geht hier mehr die Nabellinie etwas aus der bisher innegehaltenen Richtung heraus und bildet einen flacheren Bogen, so dass der Nabel rasch weiter wird. Die Aussenlinie der — etwa $1/_2$ bis $3/_4$ Umgang betragenden — Wohnkammer folgt ungefähr bis zur Hälfte der Ausdehnung dem regelmässig spiralen Laufe, danach wird die Windungshöhe vermindert, wodurch eine schwache knieartige Beugung der Wohnkammer hervorgerufen wird. Besonders deutlich zeigt diese Verhältnisse Waagen's Abbildung von *Opp. conjungens*[4]. Hier aber direkt von einem Knie oder einer Knickung zu sprechen, wäre etwas viel gesagt, der Übergang zu dem anormal gestalteten Teile der Wohnkammer ist zu sanft dazu. Mit dieser Unregelmässigkeit in den Windungsverhältnissen ist zugleich eine eigentümliche Änderung der Skulpturverhältnisse verbunden. Bis zum letzten Umgange zeigen die Arten von *Opp. genicularis* bis *conjungens* Sichel-

---

possibilité d'admettre un dimorphisme sexuel chez les Ammonitidés. Bull. d. l. soc. géol. d. l. France. 1892. p. CLXXI.

[1] v. Zittel, Handbuch der Palaeontologie. Bd. I. 2. p. 462.
[2] Siehe Anmerkung 2 auf S. 240.
[3] v. Zittel, Cephalopoden der Stramberger Schichten. p. 87. Taf. 15 Fig. 7.
[4] W. Waagen, l. c. Taf. 20 Fig. 5.

rippen, welche nicht besonders stark sind. In der Nähe der Wohnkammer und auf dem ersten Teile derselben endigen die Rippen zu beiden Seiten der Mittellinie in mehr oder weniger deutlichen Knoten; plötzlich wird nun die Wohnkammer fast ganz glatt, die Skulptur verliert sich beinahe vollkommen, bei den älteren Formen erst nahe vor dem Mundrande, bei den jüngeren (siehe *Opp. conjungens*[1]) etwa schon nach der ersten Hälfte der Wohnkammer oder noch früher. Diese plötzliche Änderung der Skulptur zeigt auch *Opp. Baugieri* D'ORB. sp. (= *Amm. bidentatus* QUENST.) aus dem Ornatenthone (*Lamberti*-Zone), so dass, trotzdem bis jetzt keine Bindeglieder zwischen dieser Form und den erstgenannten nachgewiesen sind, dieselbe doch wohl sicher nahe mit denselben verwandt ist. Die vordere Hälfte der Wohnkammer erscheint bei *Opp. Baugieri* fast gerade gestreckt.

Die anderen oben genannten Arten, *Opp.*, *audax*, *Renggeri*, *crenata*, *dentata* und auch *macrotela* bilden eine analoge Reihe, wie die Formen der *Genicularis*-Reihe. Rippen sind kaum vorhanden. Die Aussenseite ist bis zum letzten Umgange mit einem feinen Kiele verziert. Auf der letzten Windung, resp. auf der Wohnkammer allein, löst sich der Kiel in eine Reihe scharfer längs gestellter Zähne auf, die in grösserer oder geringerer Entfernung vom Mundrande wieder verschwinden; alsdann ist die Wohnkammer auf der Aussenseite einfach breit gerundet. Die Wohnkammer zeigt die Tendenz, aus der bisher verfolgten Spirale herauszugehen. Aber auch hier ist es zunächst mehr nur die Nabellinie, welche von der Spirale abweicht und einen etwas gestreckten Bogen bildet; die Wohnkammer wird dadurch in ihrem vorderen Teile niedermündiger. Die Aussenlinie der Wohnkammer behält die Spirale bei, nur die Nabellinie weicht (und zwar gleich oder bald nach Beginn der Wohnkammer) von dem bisher innegehaltenen Verlaufe ab; sie wächst entweder im Be-

---

[1] Buckman, Inferior Oolite Ammonites (Palaeontograph. Society. 1888. Taf. XX Fig. 13—17) bildet *Oekotraustes conjungens* K. MAYER aus der *Parkinsoni*-Zone (!) von Bradford Abbas, Dorset, ab, wo die Skulptur auf dem vorderen Teile der Wohnkammer nicht in demselben Masse schwindet, wie es Waagen's citierte Abbildung zeigt; es erweisen das namentlich besonders deutlich Fig. 15 und 17 bei Buckman. Ausserdem ist auch die Knotung auf dem hinteren Teile der Wohnkammer nicht so grob, wie Waagen sie darstellt. Es scheint Buckman's Art mehr Beziehungen zu Waagen's *Opp. serrigera* zu haben, als zu *Opp. conjungens*. *Oekotraustes rugosus* BUCKMAN (l. c. Taf. XXI Fig. 1. 2), ebenfalls aus der *Parkinsoni*-Zone von East Coker bei Yoevil, Somerset, scheint auch nahe verwandt mit *Opp. serrigera* WAAG. zu sein.

reiche der Wohnkammer plötzlich in einer von der früheren engen Spirale verschiedenen sehr viel weiteren fort (vergl. *Opp. Renggeri* Taf. IV Fig. 6), oder sie nähert sich, in mehr oder weniger flachem Bogen verlaufend, der Aussenseite der Wohnkammer, so dass diese in ihrem vorderen Teile niederer ist als hinten. Bei *Opp. macrotela* OPPEL sp. kommt noch dazu, dass die Wohnkammer nach etwa ¹/₄ Umgang infolge besonders schneller Höhenzunahme, der dann wieder schnelle Abnahme des Höhenwachstums folgt, eine kräftige Knickung erleidet; sie ist hier gut doppelt so hoch als bei ihrem Beginn. Bei der Mündung ist sie dann wieder kaum höher als am Anfange (vergl. Taf. IV Fig. 7). *Opp. macrotela* erinnert so durch ihre äussere Form lebhaft an *Oecoptychius refractus* REIN. sp. Die Wohnkammer dieser Art zeigt neben kräftigen Zähnen der Aussenseite in der Gegend des Knies faltenartige Rippen in der äusseren Hälfte der Windung.

Die tithonischen Arten, *Opp. psilosoma* ZITT.[1] und *Opp. collegialis* ZITT.[2], stehen wahrscheinlich dieser zweiten Reihe, die man füglich als die der *Opp. audax* oder *Renggeri* bezeichnen dürfte, sehr nahe. *Opp. psilosoma* zeigt wenigstens in der äusseren Form und besonders in bezug auf den Bogen, welchen die Nabellinie bildet, die grösste Ähnlichkeit mit *Opp. Renggeri* (die Zähne der Aussenseite sind bei *Opp. psilosoma* zu feinen Knötchen geworden); während *Opp. collegialis* in der Wohnkammer mehr die *refractus*-ähnliche Knickung der *Opp. macrotela* erleidet. *Opp. distorta* BUK.[3] aus dem unteren Oxford von Czenstochau zeigt eine ganz analoge Form der Knickung wie *Opp. collegialis*. Vielleicht dürfte auch *Opp. lophota* OPPEL sp.[4] aus der *Transversarius*-Zone hierher zu zählen sein, deren Nabellinie wie die von *Opp. Renggeri* nach dem Beginn der Wohnkammer in einem weiteren Bogen verläuft.

Eine weitere Reihe nahe zusammengehörender Formen aus dem Kreise der Oppelien zeigt das Merkmal der anormalen Wohnkammer; es ist die von K. A. v. ZITTEL[5] unterschiedene Formenreihe des *Amm. lingulatus* QUENST. mit den Arten:

---

[1] v. Zittel, Die Fauna der älteren Cephalopoden führenden Tithonbildungen. p. 64. Taf. 4 Fig. 16.

[2] v. Zittel, ibidem p. 65. Taf. 4 Fig. 17, 18.

[3] Gejza Bukowski, Über die Jurabildungen von Czenstochau in Polen. Beitr. zur Palaeont. Österreich-Ungarns und des Orients. 1887. Bd. V. p. 119. Taf. XXV Fig. 4—6.

[4] Oppel, Palaeont. Mittheil. p. 201. Taf. 53 Fig. 3, 4.

[5] v. Zittel, Handbuch der Palaeontologie. Bd. I. 2. p. 463.

Opp. auritula OPPEL sp.	Zone des *Pelt. athleta*,
„ *stenorhynchus* OPPEL sp.	„ „ *Pelt. transversarium*,
„ *subclausa* OPPEL sp.	„ „ „ „
„ *nimbata* OPPEL sp.	„ „ *Opp. tenuilobata*,
„ *paucirugata* BUK.	Unteres Oxford

und den von QUENSTEDT beschriebenen verschiedenen Varietäten des *Amm. lingulatus* QUENST.[1], von denen OPPEL einzelne unter besonderen Namen, *Amm. Strombecki, Amm. nudatus* etc. erwähnt, deren Diskussion hier aber überflüssig wäre. In meist sehr geringem Masse kann man bei diesen Arten beobachten, dass die Nabellinie in der äusseren Hälfte der Wohnkammer etwas von der Spirale abweicht, so dass der Nabel hier etwas weiter wird. Ebenso geht auch die Aussenlinie der Wohnkammer ein wenig aus der Spirale heraus; es nähert sich die Aussenlinie in der zweiten Hälfte der Wohnkammer der Nabellinie, so dass die Windungshöhe hier geringer ist, als sie bei regelmässigem Wachstum sein würde.

Doch nicht nur bei Formengruppen wie bei den eben aufgeführten, welche je in sich durch gleichartige Entwickelung, Skulptur und Mündungsform (alle genannten tragen z. B. seitliche Ohren) als zusammengehörig erscheinen, kommen anormale Wohnkammern vor. Dieselben finden sich auch bei Arten, die durch ihre ganze Entwickelung und Ausbildung als zu anderen Formengruppen gehörend sich erweisen, welche sonst vollkommen regelmässiges Wohnkammerwachstum zeigen. Ich erinnere hier insbesondere an *Opp. semiformis* OPPEL sp.[2] aus dem Tithon von Rogoznik, Volano u. s. w. *Opp. semiformis* hat eine Wohnkammer von einer Länge zwischen 1/2 und 3/4 Umgang; der Mundrand ist vollkommen der des Tenuilobatenresp. Flexuosentypus, ohne seitliche Ohren. Nach der letzten Scheidewand ist die Wohnkammer bis zu etwa 1/3 ihrer Länge in ihrer Aussenlinie stark über die regelmässige Spirale hinausgezogen, so dass sie hier ein stumpfes Knie bildet. NEUMAYR[3] hat durch *Opp. Darwini* NEUM. die bereits von K. A. v. ZITTEL betonte Verwandtschaft der *Opp. semiformis* mit *Opp. tenuilobata* als sicher erwiesen. Derartige Beispiele, an denen man den Übergang von Formen mit durchaus regelmässiger zu solchen mit anormaler Wohnkammer deutlich erkennen kann, sind für die Diskussion der Frage nach dem

---

[1] Quenstedt, Ammoniten Taf. 92 Fig. 29—49, 53.

[2] v. Zittel, Fauna der älteren Cephalopoden führenden Tithonbildungen. p. 58. Taf. 4 Fig. 7, 8.

[3] Neumayr, Fauna der Schichten mit *Aspidoceras acanthicum*. p. 165.

Werte und der Bedeutung der anormalen Wohnkammern von ausserordentlichem Interesse. Übergangsformen in einer Reihe wie *Opp. tenuilobata — Darwini — semiformis* bekräftigen dann auch wohl einen Schluss, wie ihn WAAGEN in einer späteren Arbeit[1] und K. A. v. ZITTEL (l. c. p. 58) über die generische Trennung solcher Formen mit anormaler Wohnkammer von denen mit regelmässig gewachsener, machten. Beide Forscher wollen *Oekotraustes* nicht mehr als selbständige Untergattung von *Oppelia* abtrennen, sondern nur als eine besondere Sektion dieser Gattung. Es wird immer schwierig sein, scharfe Grenzen zu ziehen, und gerade bei Grenzformen dürften die Ansichten der verschiedenen Autoren sich am ehesten widersprechen. Genügt ein einzelnes sich durch mehrere Formen fortpflanzendes und fortbildendes Merkmal zur Abtrennung neuer Gattungen oder Untergattungen, so muss man wohl den Schnitt da führen, wo dieses Merkmal sich zum ersten Male sicher nachweisen lässt. Wendete man diesen Satz auf die zu *Oppelia* im weitesten Sinne zu zählenden Arten an, so bekäme man aber wohl in einer Gruppe eine Untergattung, welche die durch anormale Wohnkammern ausgezeichneten Formen zusammenfasste, welche sich an verschiedenen Stellen des Oppelienstammes abzweigten: Wir bekämen eine neue polyphyletische Gattung. Solche Scheidungen vorzunehmen, ist im Sinne einer richtigen Erkenntnis der Stammes- und Entwickelungsgeschichte nicht zu verteidigen. Es erscheint auch aus anderen als dem hier berührten Grunde folgerichtig, die bisher als *Oekotraustes* zusammengefassten Arten nicht von *Oppelia* zu trennen[2].

Ausser der oben hervorgehobenen *Opp. semiformis* begegnen wir noch anderen Oppelien mit anormaler Wohnkammer, welche bis heute, wenigstens nach dem veröffentlichten Materiale, schwer in direkte Verbindung mit den bisher unterschiedenen Oppelienreihen zu bringen sind. Es sind das Formen wie *Opp. anar* OPPEL sp.[3] und *Opp. Gessneri* OPPEL sp.[4] aus der *Transversarius*-Zone. Die eine dieser Formen, *Opp. anar*, nennt OPPEL geradezu als durch ein „scaphitenartiges Gehäuse" ausgezeichnet. So erheblich sind nun

---

[1] Waagen, Über die Ansatzstelle des Haftmuskels bei *Nautilus* etc. Palaeontographica. Bd. XVII. p. 241.

[2] Buckman hält in seiner Monographie der „Inferior Oolite Ammonites" an der Trenuung der *Oekotraustes*-Formen von *Oppelia* fest. cf. Palaeontographical Society. 1888. Taf. XX Fig. 13—17. Taf. XXI Fig. 1, 2. Taf. A Fig. 9.

[3] Oppel, Palaeont. Mittheil. p. 207. Taf. 55 Fig. 1.

[4] Oppel, ibidem p. 208. Taf. 54 Fig. 2.

die Abweichungen vom regelmässigen Wachstum nicht: man kann hier ganz allein ein Weiterwerden des Nabels konstatieren (bei *Opp. anar* erheblich weniger als bei *Opp. Gessneri*), indem die Nabellinie im Bereich der Wohnkammer einer weiteren Spirale folgt.

Bukowski lehrt uns in seiner *Opp. minax*[1] eine interessante Form aus dem unteren Oxford von Czenstochau kennen, bei der die Wohnkammer ausgewachsener Exemplare anormal ausgebildet ist, indem gegen Ende der Wohnkammer eine Erweiterung des Nabels eintritt.

Haploceras Zittel.

Unter den Haploceraten fällt *Hapl. Cadomense* Defr. sp.[2] aus dem mittleren Dogger durch seine abweichende Gestalt auf. Die Wohnkammer ist in ihrer letzten Hälfte stark niedergedrückt, nimmt in der Nähe der Mündung jedoch wieder etwas an Höhe zu; dadurch erscheint die Aussenlinie des Ammoniten geknickt. *Hapl. Pillai* May. sp. aus dem Callovien zeigt eine in der vorderen Hälfte etwas niedergedrückte Wohnkammer.

Die Gruppe des *Hapl. carachtheis* Zeuschn. zeigt in ihrem vorderen Wohnkammerteile ziemlich bedeutende Abweichungen gegen die vorhergehenden Windungsteile: auf der Aussenseite der Windung stellen sich mehr oder weniger zahlreiche und kräftige wulstförmige Ausbuchtungen der Schale ein, ohne dass jedoch das Windungsverhältnis dadurch geändert würde.

Hammatoceras Hyatt.

Die Gruppe des *Hamm. fallax* Ben. sp. unterscheidet sich von den nächststehenden Arten, namentlich der *Insignis*-Gruppe, durch eine Wohnkammer, welche nach vorne zu wenig oder gar nicht an Breite zunimmt. Am deutlichsten ist das bei *Hamm. fallax*[3] selbst der Fall, weniger ausgeprägt findet sich dieses Verhältnis bei den von Vaček aus den Oolithen vom Cap San Vigilio beschriebenen Arten *Hamm. tenax* Vač., *Hamm. sagax* Vač., *Hamm. pertinax* Vač. und *Hamm. pugnax* Vač.

---

[1] Gejza Bukowski, l. c. p. 105. Taf. XXV Fig. 1.

[2] d'Orbigny, Paléontologie française. Terr. jur. I. Taf. 129 Fig. 4—6, und Steinmann und Döderlein, Elemente der Palaeontologie. p. 429. Fig. 522.

[3] Vaček, Fauna der Oolithe von Cap S. Vigilio. Abhandl. d. k. k. geol. Reichsanstalt. 1886. p. 93. Taf. 15 Fig. 1, 8, und Benecke, Trias und Jura in den Südalpen. Benecke's Palaeont. Beiträge. Bd. I. p. 171. Taf. 6 Fig. 1.

Diese Gruppe von Hammatoceraten erinnert durch ihre Wohnkammerbildung in gewissem Sinne an die Sphaeroceraten resp. an *Morphoceras* (vergl. *Morph. dimorphum* D'ORB.[1]).

Sutneria K. A. v. ZITTEL.
(Typus: *Sutneria platynotus* REIN. sp.)

Die Arten dieser kleinen Gattung zeichnen sich dadurch aus, dass das Vorderende der etwa $^1/_2$ Umgang messenden Wohnkammer gegen den übrigen Wohnkammerteil mehr oder weniger scharf geknickt erscheint. Die grösste Höhe der Wohnkammer liegt in diesem Knie.

Sutneria ist auf die *Tenuilobatus*-Zone des weissen Jura beschränkt.

Oecoptychius NEUMAYR.

Mit der Zone der *Oppelia aspidoides* OPPEL sp. beginnt eine kleine Reihe von Ammoniten, welche sich durch eine ganz besonders bizarr gestaltete Wohnkammer mit ein- oder auch zweimaliger, mehr oder weniger scharfer Knickung auszeichnen. (Die Länge der Wohnkammer beträgt $^3/_4$ bis einen Umgang.) NEUMAYR[2] schlug für diese Formengruppe den Namen *Oecoptychius* vor. Die mir bekannt gewordenen Vertreter derselben sind:

Oecopt. subrugosus OPP. sp.[3] — Zone der *Oppelia aspidoides*,
„ *refractus macrocephali* — „ „ *Macroceph. macrocephalus*,
QUENST.[3]
„ *refractus* REIN. sp.[4] — „ „ *Cosm. Jason*,
„ *Christoli* BEAUD. sp.[5] — Oberes Callovien.

Es sind das immer kleine Formen, welche einen grössten Durchmesser von 25 — höchstens 30 mm — kaum überschreiten. Nehmen

---

[1] d'Orbigny, Paléontologie française. Terr. jur. I. p. 410. Taf. 141.

[2] Neumayr, Über unvermittelt auftretende Cephalopodentypen etc. Jahrb. d. k. k. geol. Reichsanstalt. 1878. p. 68. Nach Neumayr tritt *Oecoptychius* bereits in der Zone der *Parkinsonia ferruginea* auf.

[3] Von Laufen bei Balingen, Württemberg. Münchener Sammlung.

[4] Vergl. Quenstedt, Ammoniten p. 762—767. Taf. 86 Fig. 37—52. Bei *Amm. refractus* aus der Zone des *Cosm. Jason* wird man mehrere Formen zu unterscheiden haben, welche durch verschiedenartige Ausbildung der Knickung und Skulpturunterschiede charakterisiert sind.

[5] J. Beaudouin, Mémoire sur le terrain kelloway-oxfordien du Châtillonais. Bull. soc. géol. France. Sér. II. Bd. VIII. 1851. p. 596. Taf. X Fig. 1, 2.

wir *Oecopt. refractus* Rein. sp. als Typus dieser Gruppe, so können wir betreffs der Wachstumsveränderungen folgendes beobachten: bis zu etwa 12 mm Durchmesser, d. i. bis zum Beginn der Wohnkammer, wächst der Ammonit durchaus regelmässig in breiten, gewölbten, stark umfassenden Windungen, welche nur einen sehr engen Nabel offen lassen. Mit dem Beginn der Wohnkammer ändert sich die Form des Gehäuses, wie es am besten wohl durch die Skizze (Taf. IV Fig. 4) erläutert wird (die punktierte Linie giebt den Verlauf einer regelmässig wachsenden Wohnkammer an). Die Aussenseite wächst sehr viel schneller als bisher, wodurch häufigere Zweiteilung der Rippen und mehrfach sogar Vierteilung bedingt wird; — auf dem gekammerten Teile kommt nur Zweiteilung der Rippen vor, und auch diese hier seltener als auf der Wohnkammer. Die Aussenlinie der Wohnkammer verläuft zunächst gestreckt, etwa als tangentiale Fortsetzung der Spirale des gekammerten Teiles; plötzlich, nach einem, etwa $^1/_4$ Umgang entsprechenden Wachstum, biegt sie in scharfem Knie um. Die Windungshöhe beträgt hier das Doppelte derjenigen am Anfange der Wohnkammer. Nach dem Knie verläuft die Aussenlinie in ungefähr der gleichen Streckung wie vor demselben. Die Windungshöhe verringert sich und die Wohnkammer endigt nach etwa $^3/_4$ Umgang in der eigentümlich gestalteten Mündung mit „Kapuze" und den grossen gestielten Seitenohren. Die Mündung umfasst den vorhergehenden Umgang nur sehr wenig, doch bleibt die letzte Windung noch durchaus im Kontakt mit der nächst älteren. Vor der Mündung liegt eine breite Einschnürung. In der Richtung auf das Knie gesehen giebt der Ammonit das Bild eines ziemlich scharfen Kegels.

Der bis zum Beginn der Wohnkammer offene Nabel wird im Bereich der letzteren fast ganz verdeckt, indem die Nabellinie im ersten Drittel der Wohnkammer nicht dem schnellen Wachsen der Aussenseite folgt, sondern plötzlich an der dem Knie korrespondierenden Stelle aus der bis dahin eingehaltenen regelmässigen Spirale umbiegt und gegen das Centrum des Nabels sich wendet. Im zweiten und dritten Drittel beschreibt die Nabellinie einen flachen, gegen die Aussenseite der Wohnkammer konkaven Bogen.

Bei *Oecopt. subrugosus* Oppel sp. und *Oecopt. refractus macrocephali* Quenst. sp. ist das Knie stumpf. *Oecopt. Christoli* Beaud. sp. zeigt zweifache Knickung der Wohnkammer: einmal eine scharfe, dem Knie bei *Oecopt. refractus* ganz entsprechende; die zweite einen halben Umgang später, ein stumpfes breites Knie bildend. Die Nabellinie beschreibt im Verlaufe des letzten Umganges ungefähr ein schiefwinkeliges Dreieck.

K. A. v. ZITTEL[1] stellt *Oecoptychius* als Untergattung zu *Stephanoceras*. Die äussere Form eines *Oecopt. refractus* bis zum Beginn der Wohnkammer erinnert durchaus an Stephanoceraten, ebenso der breite erste Seitensattel der reduzierten Lobenlinie. Die Seitenohren des eigenartigen Mundrandes erinnern ebenfalls an die der Stephanoceraten. Die auf der Aussenseite eingesenkte Furche und die Art der Rippenspaltung weisen mehr auf *Parkinsonia* hin, in deren Verwandtschaft auch QUENSTEDT[2] den *Oecopt. refractus* stellte. HYATT[3] findet keine Anklänge an *Parkinsonia*. Ob *Oecopt. Christoli* BEAUD. sp. in der That mit den *Refractus*-Formen und mit *Oecopt. subrugosus* OPP. sp. in nahem verwandtschaftlichem Verhältnisse steht, scheint anzuzweifeln zu sein. Der Mundrand ohne seitliche Ohren, ohne „Kapuze" spricht dagegen, ferner das Fehlen der Medianfurche; über den Verlauf der Lobenlinie giebt die mir nur zu Gebote stehende Beschreibung BEAUDOUIN's zu wenig Aufschluss.

Sphaeroceras BAYLE.
Bullaten QUENSTEDT.

BAYLE stellte 1878[4] für diejenigen Stephanoceraten, deren Wohnkammer in ihrer Form nicht mit den inneren Windungen übereinstimmt, die Gattung *Sphaeroceras* auf. Als Typen dieser Gattung bildete BAYLE *Sphaeroceras Brongniarti* Sow. sp., *Gervillei* D'ORB. sp. nud *contractum* Sow. sp. (=? *Sausei* D'ORB. sp.) ab. DOUVILLÉ[5] teilte später eine Reihe von Formen, welche durch periodische Einschnürungen ausgezeichnet sind, unter dem Namen *Morphoceras* von *Sphaeroceras* ab. Letztere Gattung umfasst in ihrer jetzigen Begrenzung eine grosse Anzahl von Arten, die von der *Sowerbyi*-Zone aus bis in die Oxfordthone des weissen Jura hineingehen.

---

[1] v. Zittel, Handbuch der Palaeontologie. Bd. I. 2. p. 470.

[2] Quenstedt, Cephalopoden p. 151.

[3] Hyatt, Genetic relations of *Stephanoceras*. Proceed. of the Boston Soc. of Nat. Hist. Bd. XVIII. 1876. p. 400.

[4] cf. Bayle, Explication de la carte géologique de la France. Bd. IV. Taf. 53.

[5] Douvillé, Note sur l'*Ammonites pseudo-anceps* et sur la forme de son ouverture. Bull. d. l. soc. géol. d. l. France. Sér. III. Bd. VIII. p. 242 („Genre *Morphoceras*").

Die Veränderungen, welche diese Arten in bezug auf ihre Wohnkammer erleiden, sind durchaus analoger Art und — in der geologischen Altersfolge aufsteigend — beobachten wir, dass die ältesten Arten Formänderungen nur am Vorderende der fast einen Umgang messenden Wohnkammer erleiden, dass diese Formänderungen bei den folgenden jüngeren Arten immer weiter rückwärts Platz greifen und schliesslich bei den jüngsten Arten auf die ganze Wohnkammer ausgedehnt sind und in verstärktem Masse sich ausprägen. Es bilden diese Sphäroceraten wohl mit die vorzüglichste Reihe, an welcher man das Fortschreiten von Formänderungen studieren kann.

Bei *Stephanoceras Brocchi* Sow. sp.[1], wohl der Stammform der meisten zu *Sphaeroceras* gezählten Arten, ist von einer Abänderung der Wohnkammerform kaum schon etwas zu bemerken. Hyatt[2] erwähnt direkt, dass *Steph. Brocchi* keine anormale Wohnkammer besitze. Bei der nächststehenden Sphäroceratenform, *Sphaer. meniscus* Waag. sp.[3], macht sich eine Formänderung der Wohnkammer derart bemerkbar, dass die Windungsbreite im vorderen Teile der Wohnkammer nicht zunimmt, dadurch wird die Nabellinie ein wenig aus der bisher verfolgten Spirale gelenkt, der Nabel wird etwas weiter. Bei den folgenden Arten: *Sphaer. polyschides* Waag. sp.[4], *evolvens* Waag. sp.[4], *polymerus* Waag. sp.[4], *Gervillei* d'Orb. sp.[4], *multiforme* Gottsche sp.[5], *Giebeli* Gottsche sp.[6], greift diese Abänderung allmählich bis zum Beginn der Wohnkammer zurück, so dass hier die Erweiterung des Nabels durch Übergang der Nabellinie in eine etwas weitere Spirale früher eintritt und grösser wird; z. T. nimmt die Wohnkammer dieser Arten stetig etwas (aber nur sehr wenig) an Breite ab, wie bei *Sphaer. polymerus* Waag. sp.

Das Abnehmen der Wohnkammerbreite nach vorne zu ist ein gleichbleibendes Merkmal für die Arten: *Sphaer. Brongniarti* Sow. sp.[7],

---

[1] Waagen, Zone des *Amm. Sowerbyi*. Benecke's Palaeont. Beiträge. Bd. I. p. 601.

[2] Hyatt, Genetic relations of *Stephanoceras*. Proceed. Boston Soc. Nat. Hist. 1876. Bd. XVIII. p. 392.

[3] und [4] Waagen, l. c. p. 602—605.

[5] Gottsche, Jurassische Versteinerungen aus der Argentinischen Cordillere. p. 13, 14. Taf. II Fig. 5—8. Taf. III Fig. 1. (Beitr. z. Geol. u. Pal. d. Argent. Republ. von A. Stelzner. Palaeont. Teil. III.)

[6] Gottsche, l. c. p. 15. Taf. IV Fig. 1.

[7] Waagen, l. c. p. 602, und d'Orbigny, Paléont. française. Terr. jur. I. Taf. 140 Fig. 3—8.

Ymir OPP. sp.[1], *Bombur* OPP. sp.[2], *bullatum* D'ORB. sp.[3], *microstoma* D'ORB. sp.[4], *submicrostoma* GOTTSCHE[5], *globuliforme* GEMM.[6], *Devauxi* GROSSOUVRE sp.[7], *insociale* BUK.[8] Die Breitenverringerung kann so bedeutend werden, dass die Breite der Wohnkammer an dem Mündungsteile etwa nur die Hälfte der Breite am Wohnkammeranfange (grösste Breite überhaupt) beträgt, wie es bei *Sphaer. Devauxi* GROSSOUVRE sp. der Fall ist. Mit dieser Breitenabnahme ist bei den letztgenannten Arten eine Zunahme der Windungshöhe verbunden. Der Taf. IV Fig. 9 wiedergegebene Querschnitt durch ein *Sphaer. microstoma* D'ORB. sp. zeigt die bei dieser Art vorkommende Breitenverminderung und Höhenzunahme im Bereiche der Wohnkammer in ausgezeichnet deutlicher Weise.

Die Veränderungen in betreff der Richtung der Nabellinie sind bei diesen Arten infolge der starken Breitenabnahme der Wohnkammer sehr bedeutende. Während der Nabel der inneren Windungen in enger Spirale gebaut ist, wird derselbe im Bereiche der Wohnkammer, z. T. von der Wohnkammerwindung verdeckt (der elliptische Nabel bei *Sphaer. bullatum!*). Im weiteren Verlauf (der vorderen Hälfte

---

[1] Oppel, Palaeont. Mittheil. p. 150, und Kudernatzsch, Ammoniten von Swinitza. Abhandl. d. k. k. geol. Reichsanstalt Wien. Bd. I. p. 12. Taf. III. Fig. 1, 2.

[2] Oppel, l. c. p. 150. Taf. 48 Fig. 3.

[3] d'Orbigny, Paléontologie française. Terr. jur. I. p. 412. Taf. 142 Fig. 1, 2.

[4] d'Orbigny, l. c. p. 413. Taf. 142 Fig. 3, 4. Es wäre hier zu bemerken, dass die von Quenstedt, Ammoniten p. 865. Taf. 93 Fig. 62, beschriebene und abgebildete Art *Amm. microstoma impressae = Amm. Chapuisi* OPP. kein *Sphaeroceras* ist und nur in seiner äusseren Form an *Sphaer. microstoma* D'ORB. sp. erinnert. Die Quenstedt'sche Art aus dem Impressathon des Weissen Jura α ist durchaus ein *Morphoceras*, wie die periodischen Einschnürungen und die allerdings nur schwach angedeutete Furche in der Medianlinie der Aussenseite ergeben.

[5] Gottsche, l. c. p. 15. Taf. III Fig. 3.

[6] Gemmellaro, Cefalopodi della Zona con *Steph. macrocephalum* della Rocca chi parra presso Calatafimi. Taf. III Fig. 5.

[7] Grossouvre, Sur le callovien de l'Ouest de la France et sa faune. Bull. d. l. soc. géol. d. l. France. Sér. III. Bd. 19. p. 261. Taf. 9 Fig. 6, und Uhlig, Über die Fauna des rothen Kellowaykalkes der penninischen Klippe Babierzówka. Jahrb. d. k. k. geol. Reichsanstalt. 1881. p. 393. Taf. 7 Fig. 7 (*Steph.* n. f. cf. *Brongniarti* Sow.).

[8] Gejza Bukowski, Jurabildungen von Czenstochau, in Mojsisovics und Neumayr, Beiträge zur Palaeontologie Österreich-Ungarns und des Orients. Bd. V. p. 125. Taf. 26 Fig. 14.

der Wohnkammer entsprechend) wird der Nabel plötzlich sehr stark erweitert, so dass er, wie bei *Sphaer. microstoma*, *submicrostoma*, *Bombur*, *Ymir*, *insociale*, in einer neuen, sehr viel weiteren Spirale verläuft. Z. T. wird die Richtung der Nabellinie in noch anderer Weise beeinflusst, wie bei *Sphaer. Brongniarti* und *bullatum*. Bei diesen Arten ist die Wohnkammer im mittleren Teile fast gerade gestreckt, im vordersten Teile wieder der Spirale der inneren Windungen mehr zugebogen. Diese Richtungsänderungen macht die Nabellinie mit, so dass das ganze Tier auf diese Weise ein scaphitenähnliches Aussehen erhält. In besonders vorzüglicher Weise zeigt dieses das von WAAGEN[1] aus dem Jura von Kutch abgebildete Exemplar eines *Sphaer. bullatum*, dessen Umrisszeichnung ich auf Taf. IV Fig. 8 wiederhole.

In gleicher Weise wie *Sphaer. microstoma* ändert das durch seine besonders kräftig ausgebildete Skulptur ziemlich isoliert dastehende *Sphaer. Sauzei* D'ORB. sp.[2] seine Wohnkammer ab. Dieselbe nimmt nach vorne zu etwas an Breite ab, die Nabellinie wird dadurch in eine weitere Spirale gedrängt.

HYATT giebt p. 366 seiner oben citierten Studien über die genetischen Beziehungen der Stephanoceraten eine Stammtafel dieser Formen. Die durch anormale Wohnkammer ausgezeichneten Arten bilden im wesentlichen zwei Äste dieses Stammbaumes (dessen Einzelheiten wohl nicht unerheblicher Revision bedürfen): der eine beschränkt sich auf *Sphaer. Sauzei*, der andere umfasst die von *Sphaer. Brocchi* abzuleitenden Arten (die im vorstehenden diskutierten). *Sphaer. Sauzei* leitet HYATT von dem ganz analog skulpierten *Sphaer. Braikenridgi* Sow. sp.[3] ab. Die anderen Formen werden von der unsicheren SOWERBY'schen Art *Stephanoceras contractum* abgeleitet. Sowohl *Steph. contractum* und damit *Steph. Brocchi* als auch *Braikenridgi* sollen in *Steph. subcoronatum* OPPEL sp. (= *Amm. coronatus-oolithicus* QUENSTEDT[4]) ihre Stammform haben. Wäre dem so — und es scheint eine solche Ableitung mit dem palaeontologischen Materiale vereinbar — so wäre *Steph. contractum* und das durchaus regelmässig gewachsene *Steph. Braikenridgi* gleichen Ursprungs. Nicht mehr wäre es streng genommen *Steph. Brocchi* und noch weniger

---

[1] W a a g e n, Jurassic Fauna of Kutch. Palaeontologia Indica. I. 1. p. 129. Taf. 32 Fig. 1.

[2] d'Orbigny, Paléontologie française. Terr. jur. I. p. 407. Taf. 139.

[3] d'Orbigny, l. c. p. 400. Taf. 135 Fig. 3—5.

[4] Vergl. Quenstedt, Ammoniten p. 548. Taf. 67 Fig. 8.

die von ihm abzuleitenden Arten (Sphäroceraten) mit anormaler Wohnkammer einerseits und *Sphaer. Sauzei* anderseits, sondern hier liegen dann zwei verschiedene Variationsrichtungen — allerdings mit Konvergenzerscheinungen (Wohnkammerabänderung) — vor. Während in den von *Steph. Brocchi* abzuleitenden Arten der Charakter der scharfgerippten und geknoteten Stephanoceraten aus der *Humphriesianus*- und *Blagdeni*-Gruppe ziemlich schnell fast ganz erlischt, bleibt derselbe bei *Sphaer. Sauzei* in voller Stärke erhalten. Die erstere Gruppe nähert sich durch ihre Skulptur und auch durch den Typus ihrer Lobenlinie immer mehr den Macrocephaliten, welche mit dem grössten Teile der Sphäroceraten wohl in *Steph. Brocchi* Sow. sp. wurzeln. Gemäss der heute sich so ausserordentlich breit machenden Tendenz, die Gattungen immer mehr zu zersplittern, könnte *Sphaer. Sauzei* D'ORB. sp. vielleicht als Typus einer besonderen Gattung gelten, wenn überhaupt die Erscheinung einer anormalen Wohnkammer als generisches Trennungsmittel angesehen werden darf. Anderseits dürfte man wohl *Sphaer. Sauzei* mit gleichem Rechte, wie man die mit geringer Formveränderung ausgestatteten Macrocephaliten nicht von *Macrocephalus* trennt, diese Art wieder der Gattung *Stephanoceras* als aberrantes Glied des *Humphriesianus*-Typus anreihen. Für die übrigen hierher gestellten Arten scheint die Zusammenfassung unter einem besonderen Namen gerechtfertigt, da diese Arten ausser der anormalen Wohnkammer eine Ausbildung der Skulptur und des Lobenbaues haben, welche sie wesentlich von *Stephanoceras* s. str. trennt.

Morphoceras DOUVILLÉ [1].

Einzelne Arten dieser DOUVILLÉ'schen Gattung zeigen nicht unerhebliche Formverschiedenheiten zwischen Wohnkammer und gekammertem Teile. Besonders ist dies der Fall bei *Morph. dimorphum* D'ORB. sp.[2] und *Morph. Chapuisi* OPP. sp. (= *Amm. microstoma impressae* QUENSTEDT [3]). Die inneren Kerne dieser Arten sind sehr engnabelig, dick aufgebläht. Mit Beginn der Wohnkammer geht der Nabel plötzlich in eine sehr weite Spirale über, wobei die Wohnkammer sowohl an Höhe als Breite gleich bleibt; sie nimmt also

---

[1] Douvillé, Note sur l'*Ammonites pseudo-anceps* et sur la forme de son ouverture. — Genre *Morphoceras*. Bull. d. l. soc. géol. d. l. France. Sér. III. Bd. VIII. p. 239, 242.

[2] d'Orbigny, Paléontologie française. Terr. jur. I. p. 410. Taf. 141.

[3] Quenstedt, Ammoniten d. Schwäb. Jura. p. 865. Taf. 93 Fig. 62—65.

eine bedeutend andere Form an, als diejenige wäre, wenn sie nach den Massverhältnissen der inneren Spirale weiter gewachsen wäre.

Die auf den Steinkernen dieser Arten vorkommenden Einschnürungen gaben Hyatt[1] Veranlassung, an die Wohnkammerbildung bei diesen Arten eine theoretisierende Erörterung zu knüpfen, welche weiter unten, im zweiten Teile besprochen werden soll.

Bemerkenswert sind die von Douvillé beschriebenen riesigen Ohren, welche die Mundöffnung von *Morph. pseudo-anceps* Douv. bis auf fünf Öffnungen ganz verschliessen. Douvillé knüpfte an diese Ausbildung des Mundrandes interessante Bemerkungen über die Lage des *Pseudoanceps*-Tieres in der Schale und über die Beziehungen zu *Argonauta*.

Morphoceras geht vom mittleren braunen Jura bis in den unteren weissen, ist aber nur durch wenige Arten und relativ wenige Individuen vertreten.

Macrocephalites v. Sutner.
Macrocephalen von Buch, Quenstedt.

Steinmann[2] nennt als Unterscheidungsmerkmal von *Macrocephalites* gegen *Sphaeroceras* die bei ersterer Gattung stets „regelmässig eingerollte Wohnkammer". Gerade bei den Macrocephaliten gehören erhaltene Wohnkammern zu den Seltenheiten; doch eben diese Seltenheiten zeigen oft Arten, deren Wohnkammer nicht regelmässig gewachsen ist. Waagen bildet aus dem Jura von Kutch eine ganze Reihe solcher Arten ab: *Macroceph. macrocephalus* Schloth. sp., *tumidus* Rein. sp., *polyphemus* Waag., *transiens* Waag.[3] Tornquist[4] bildet einen *Macroceph. panganensis* aus Ostafrika ab, der ganz ausserordentlich deutlich eine Formveränderung der Wohnkammer zeigt. Ferner kann man an der erhaltenen „Spurlinie" vieler Exemplare von *Macroceph. macrocephalus* konstatieren, dass diese Art nicht bis zum Mundrande regelmässig gewachsen ist. Die Abweichung vom regelmässigen Wachstum ist derart, dass im Bereiche der Wohnkammer der Nabel mehr oder weniger erheblich erweitert wird, wo-

---

[1] Hyatt, Genetic relations of *Stephanoceras*. Proceed. Boston Soc. Nat. Hist. Bd. XVIII. p. 396.

[2] Steinmann u. Döderlein, Elemente der Palaeontologie. p. 439.

[3] Waagen, Jurassic Fauna of Kutch. Palaeontologia Indica. I. 1. Taf. 25 Fig. 1a. Taf. 26 Fig. 1a. Taf. 29 Fig. 1a. Taf. 32 Fig. 1a.

[4] Tornquist, Fragmente einer Oxfordfauna von Mtaru. Jahrb. d. Hamb. wiss. Anstalten. X. 2. p. 11. Taf. 2.

mit ein Abnehmen der Windungshöhe nach der Mündung hin zusammenhängt. TORNQUIST betont, dass durch dieses Verhalten der Macrocephaliten der Gattungsunterschied zwischen *Macrocephalites* und *Sphaeroceras* recht problematisch würde. Nahe stehen *Macrocephalites* und *Sphaeroceras* einander entschieden, und wie bei *Sphaeroceras* hervorgehoben wurde, erinnert auch die Skulptur und Lobenlinie der Macrocephaliten an die der jüngeren Sphäroceraten, doch ist bei letzteren die Tendenz zur Verschmälerung des vorderen Wohnkammerteiles sehr viel mehr ausgesprochen. HYATT[1] leitet die Macrocephaliten von *Steph. contractum* Sow. sp. (von WAAGEN als zweifelhafte Art bezeichnet) ab. Vielleicht dürfte man die Macrocephaliten aber auch als eine von *Steph. Brocchi* abzuleitende Reihe auffassen, bei welcher die Neigung zu Wohnkammerabänderungen weniger stark ausgebildet wird als bei den *Sphaeroceras*-Formen.

Scaphites PARKINSON.

Bis zur letzten Sutur wächst das Gehäuse eines Scaphiten durchaus regelmässig mit engem Nabel. Nach der letzten Sutur wird das Gehäuse (die Wohnkammer) ein Stück weit gestreckt, die Nabellinie verläuft in gerader Richtung, wobei der Nabel z. T., wie bei *Scaph. inflatus* RÖM.[2] und *Scaph. spiniger* SCHLÜT.[3], ein wenig verdeckt wird. Nach längerer oder kürzerer Streckung biegt die Wohnkammer dann wieder in Form eines Hakens um, die Mündung gegen den spiral gewundenen Schalenteil kehrend. Die Streckung des ersten Wohnkammerteiles kann so bedeutend werden, dass, wie bei *Scaph. auritus* SCHLÜT.[4], eine Form erzielt wird, welche sehr an die eines Macroscaphiten erinnert; anderseits kann diese Streckung so gering werden, wie sie SCHLÜTER bei einem Exemplare des *Scaph. constrictus* Sow.[5] zeichnet, dass die Mündung dicht an den Spiralteil des Gehäuses gelegt wird, wodurch eine Annäherung an die Taf. IV Fig. 8 wiedergegebene Zeichnung eines *Sphaeroceras bullatum* erzielt wird. Ausser der Streckung der Wohnkammer erfährt dieselbe aber auch Volumenerweiterungen verschiedener Art, z. B. bei *Scaph. Geinitzi* D'ORB.[6], wo die Wohnkammer unverhältnismässig nach vorne zu an

---

[1] Hyatt, Genetic relations of *Stephanoceras*. Proceed. Boston Soc. Nat. Hist. Bd. XVIII. p. 866.
[2] Schlüter, Cephalopoden der oberen deutschen Kreide. Palaeontographica. Bd. XXI. Taf. 24 Fig. 1.
[3] Ibidem Taf. 25 Fig. 1.
[4] „ „ 23 „ 5, 9.
[5] Ibidem Taf. 28 Fig. 7.
[6] „ „ 23 „ 13.

Breite zunimmt, oder bei *Scaph. gibbus* SCHLCT.[1], wo die Wohnkammer in ihrem gestreckten Teil sehr hoch und dicker ist, als an ihrem Beginn und Ende. Gegen die Mündung hin verringert sich überhaupt bei den Scaphiten im allgemeinen sowohl die Höhe als die Dicke der Windung. Die Stammformen der Scaphiten glaubt man in *Olcostephanus* oder *Holcodiscus* sehen zu dürfen. *Scaphites* gehört der mittleren und oberen Kreide an.

In den vorgeführten Gruppen und Einzelformen der Ammonoideen mit anormaler Wohnkammer lässt sich ein bestimmtes Prinzip erkennen, welches mit dem Prinzipe in Einklang steht, dass Veränderungen irgendwelcher Art am Ammonoideengehäuse zuerst am Vorderende, Mundrande, einer geologisch älteren Art auftreten und bei den folgenden geologisch jüngeren Arten immer weiter auf der letzten Windung und auf den Windungen überhaupt zurückgreifen. Bei den, wie es scheint, ältesten Ammonoideen mit anormaler Wohnkammer, bei *Adrianites* und *Popanoceras*, greift die Formveränderung der Wohnkammer nur am Vorderende derselben Platz; bei den jüngsten, *Macroscaphites* und *Scaphites*, ist die ganze Wohnkammer formverändert. Ferner kann man bei einzelnen Reihen verwandter Arten mit anormaler Wohnkammer konstatieren, dass Übergänge der Formveränderungen von solchen, welche nur am Vorderende der Wohnkammer sich abspielen, bis zu solchen, welche die ganze Wohnkammer in Anspruch nehmen, stattfinden; ich erinnere an *Isulcites* der Trias und *Sphaeroceras* des Jura. Zwar gelingt es, wie bei *Isulcites*, nicht immer, festzustellen, dass die älteste bekannte Form der betreffenden Gattung oder Gruppe die geringste oder noch gar keine Formveränderung aufweist und dass bei den folgenden jüngeren Arten die Formveränderungen in grösserem Masse sich einstellen, wie man dieses z. B. bei *Sphaeroceras* durchaus kann. Aber wie man in einer Ammonitengattung häufig verschiedene Reihen sich konvergent entwickelnder Formen nachweisen kann, so wird man auch das zeitliche Nebeneinanderbestehen von Arten mit verschieden abgeänderten Wohnkammerformen in einer Gattung auf Konvergenzerscheinungen verschieden alter Entwickelungsreihen derselben Gattung zurückführen können. Bei den Triasammoniten namentlich ist das Verwandtschaftsverhältnis, der Zusammenhang mit palaeozoischen Ammonoideen noch in sehr wenigen Fällen direkt nachgewiesen; und die Stammesgeschichte der vielen in der alpinen Trias unver-

---

[1] Ibidem Taf. 26 Fig. 6—8.

mittelt auftretenden Ammonoideengeschlechter weist noch sehr grosse Lücken auf. Werden diese Lücken ganz überbrückt sein, und wird man die Verwandtschaftsverhältnisse der einzelnen Formen in den verschiedenen Ammonitengattungen festgestellt haben, so wird es sich wohl zweifellos sicher erweisen, dass man für jede Ammonitenart mit irgendwie formveränderter Wohnkammer einen Vorfahr mit analoger Formveränderung in geringerem Masse nachweisen oder wenigstens sicher vermuten kann.

Die vorstehenden Zusammenstellungen ergeben [1], dass man in einzelnen Gattungen, wie *Pinacoceras*, *Ptychites*, *Haploceras*, *Oppelia*, *Hammatoceras* neben einer überwiegenden Anzahl von regelmässig gewachsenen Arten eine geringe Zahl von solchen mit formveränderter Wohnkammer findet; dass ferner in anderen Gattungen, wie *Halorites*, *Isulcites*, *Tropites*, *Styrites* das umgekehrte Verhältnis stattfindet.

Ferner geht aus den obigen Zusammenstellungen hervor, dass die palaeozoischen Ammonoideen nur ganz vereinzelt Formveränderungen der Wohnkammer erleiden, dass in dieser Beziehung eine starke Häufung in der oberen Trias stattfindet, bevor eine sehr grosse Zahl artenreicher Gattungen plötzlich vor Einbruch der Jurazeit nach unserer heutigen Kenntnis der Lebewesen der Vorwelt spurlos verschwindet. Häufiger treten dann Ammoniten mit anormaler Wohnkammer wieder im mittleren Jura und der Kreide auf, wo sie neben regelmässig gewachsenen Gruppen und den sogenannten „Krüppelformen" oder „ammonitischen Nebenformen" existieren.

Mit der Bildung „anormaler" Wohnkammer treten häufig auch Änderungen der Skulptur in verschiedener Hinsicht auf und in gewissem Sinne könnte man wohl auch Ammoniten, deren Wohnkammern besondere Skulpturerscheinungen zeigen, ohne die Form der Wohnkammer zu ändern, als durch „anormale" Wohnkammer ausgezeichnet nennen. Ich beschränkte mich hier aber nur auf diejenigen Ammoniten mit „anormaler" Wohnkammer, deren Wohnkammer Form-Volumveränderungen aufweist, da ich gedenke, über die Skulpturveränderungen in einer anderen Arbeit berichten zu können.

---

[1] Eine absolute Vollständigkeit dieser Zusammenstellungen war bei den mir zu Gebote stehenden Mitteln kaum zu erreichen; doch glaube ich wenigstens die wichtigsten und interessantesten Gruppen behandelt zu haben.

II.

Beziehungen der „anormalen Wohnkammer" zu dem regelmässig gebauten gekammerten Teil der Ammonoideenschale.

Im Vorhergehenden wurden die Gattungen und Gruppen zusammengestellt, welche sich durch anormale Wohnkammer auszeichnen; zugleich lernten wir die verschiedenen Formen solcher Wohnkammern kennen. Unter der Überlegung, dass das Ammonitentier in jedem Zeitabschnitte seines Lebens eine vordere grösste Kammer, die Wohnkammer, besessen haben muss, nötigen die „anormalen" Wohnkammern uns ein ganz besonderes Interesse ab. Sie weisen zunächst auf die Frage: „Wie war diejenige Wohnkammer beschaffen, welche der uns jetzt durch das Fossil als letzte überlieferten voranging? Wie waren überhaupt die früheren Wohnkammern beschaffen?"

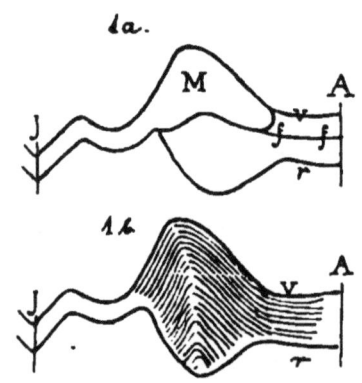

Fig. 1a. Haftband von *Nautilus Pompilius* L. am Körper des Tieres.
M Haftmuskel mit dem nach der Rückenseite gerichteten schmalen Fortsatze.
v Vordergrenze des Haftbandes.
r Hintergrenze des Haftbandes.
ff Verdickte Linie auf dem Eingeweidesack (siehe Text).
J Medianlinie der Rücken- (Innen-) Seite.
A Medianlinie der Bauch- (Aussen-) Seite
Fig. 1b. Abdruck des Haftbandes auf der Schale von *Nautilus Pompilius* L., die dem Vorderrande parallele Streifung zeigend. (Die Buchstaben v, r, J, A haben dieselbe Bedeutung wie in Fig. 1a.)

Um einer Lösung dieser Fragen näher zu kommen, ist es zunächst notwendig, die Beziehungen des Tierkörpers zur Schale ins Auge zu fassen. Das Material unserer palaeontologischen Sammlungen giebt uns hier ausserordentlich wenig direkte Aufschlüsse. Dass die äussere Schale des Ammonitentieres ein Produkt des Mantels ist, erscheint zweifellos. Durch die Untersuchungen von W. Waagen[1] ist es als ebenso feststehend anzunehmen, dass das Ammonitentier in seiner Schale auf ganz gleiche Weise befestigt war, wie das des *Nautilus*.

Nautilus wird im hinteren Teile der Schale festgehalten durch zwei kräftige Haftmuskeln, von denen ausgehend ein Haftband sich ringsum an der inneren Schalenwand des Tieres festlegt. Die hintere Grenze dieses Haftbandes fällt zusammen mit der Lobenlinie, d. h. mit der Grenze des Septums gegen die innere Wand der Schale.

---

[1] W. Waagen, Über die Ansatzstelle des Haftmuskels bei *Nautilus* etc. Palaeontographica. Bd. XVII. p. 185 ff.

Das Haftband markiert sich an dem Körper des Tieres, wie die nebenstehende Skizze zeigt.

Durch die Liebenswürdigkeit des Herrn Prof. EIMER war es mir möglich, ein Exemplar von *Nautilus Pompilius* L. des Tübinger Zoologischen Institutes zu untersuchen, dasselbe zeigt folgendes:

Die vordere Grenze des Haftbandes wird z. T. gebildet durch die vordere Grenze der nierenförmigen Haftmuskeln. Gegen die Aussen- (Bauch-) Seite des Tieres senkt sich diese Vordergrenze von den Haftmuskeln aus hinter die traubigen Venenanhänge, welche hinter den grossen Nidamentaldrüsen liegen; sie bildet hier einen flachen gegen vorn offenen Bogen, der in seinem mittleren Teil wieder schwach gegen vorn gewölbt erscheint. (Der Mantel ist hier, d. h. von den Nidamentaldrüsen bis zur Haftbandgrenze auf der Ventralseite des Tieres nicht mehr so dick, wie vor den Nidamentaldrüsen, er bildet hier eine durchsichtige dünne Haut.) Die vordere Grenze des Haftbandes auf der Innen- (Rücken-) Seite des Tieres verläuft in der bekannten, in der Zeichnung wiedergegebenen Weise. Parallel dem Vorderrande des Haftbandes auf der Aussenseite des Tieres zieht sich von den Haftmuskeln aus eine fadenförmige Verdickung ($f \ldots f$ in Fig. 1a) des zarten Eingeweidesackes hin. Diese Verdickung entspricht der Grenze einer häutigen dünnen Scheidewand im Tierkörper, welche den Eingeweidesack gegen den Vorderteil der Körperhöhle abschliesst. Den Haftmuskeln und dem Raume zwischen der Vordergrenze des Haftbandes und der Scheidewandlinie ff entspricht an der Innenseite der Schale des *Nautilus* der Conchylionlinbelag des „Annulus". Weiter rückwärts folgt dann eine zweite linienförmige Verdickung des dünnen Eingeweidesackes, welche in ihrem Verlaufe vollkommen der Lobenlinie oder Sutur, der Grenze zwischen Septum und Röhre, entspricht. Auf der Rückenseite des Tieres ist das Haftband viel schmaler; es fehlt hier die Fortsetzung der Linie ff. Das Haftband erscheint hier als aus Fortsätzen der Haftmuskeln entstanden, die in der Medianebene zusammengewachsen sind.

Dass der Körper des *Nautilus* im Bereich des ganzen eben beschriebenen Bandes fest an die Schale geschmiegt war, erscheint notwendig, da sonst die gesetzmässig vor sich gehende, gleichartige Ausbildung der aufeinanderfolgenden Suturen nicht zu erklären wäre.

Ausser durch das Haftband ist das Tier des *Nautilus* in seinem vorderen Teile, allerdings weniger fest, an die Schale durch den Mantelrand geheftet. Man findet den Mundrand der Schale mit einem feinen Streifen brauner, organischer Masse bedeckt, welche darauf hindeutet, dass das Tier bei Lebzeiten hier mit seinem Mantelrande an die Schale geklebt war. Bei den Spiritusexemplaren unserer Sammlungen ist diese Verbindung immer gelöst. Der Vorderrand des Mantels zeigt eine tiefe Rinne, die durch eine feine Mittellamelle in zwei Teile gespalten ist, wie dies im Querschnitt die nebenstehende Figur erläutert. Dieser Vorderrand des Mantels sonderte Schalensubstanz ab, wenigstens die äussere Porzellanschicht der Schale, welche durch ihre dem Mundrande parallel gehenden Anwachsstreifen eine solche Entstehung unleugbar macht. Ob auch die innere, Perlmutterschicht, vom Mantelrande abgesondert wurde oder ob an deren Bildung die Mantelfläche arbeitete, ist nicht sicher; die Perlmutterschicht zeigt keine deutlichen Anwachsstreifen. Ferner wird Schalensubstanz noch von dem Eingeweidesack hinter dem Haftbande abgesondert, die Septen. Der auf der Rückenseite des Tieres liegende, gerundet blattförmige Mantellappen zeigt einen einfachen Rand ohne Rinne und Längssaum.

Fig. 1. Schnitt durch den Vorderrand des Mantels von *Nautilus Pompilus* L., die Längsrinne mit der Mittellamelle zeigend (vergr.).

Für die Ammoniten muss man eine ganz analoge Befestigung des Tieres in der Schale annehmen, wie bei *Nautilus*. OPPEL[1] entdeckte an *Oppelia steraspis* im lithographischen Schiefer von Solnhofen bei Exemplaren mit Wohnkammer eine eigentümlich geschwungene fadenförmige Linie, welche WAAGEN als dem Vorderrande des Haftbandes analog deutete und nach *Nautilus* ergänzte. Gegen diese Deutung erhebt JAEKEL[2] Widerspruch. Namentlich ist es die Ausdehnung der Linie, welche z. T. ausserordentlich nahe an den Mund, ander-

Fig. 2. *Oppelia steraspis* Opp. sp. nach Oppel. Palaeont. Mitteil. Taf. 69 Fig. 2.
Die Linie m m wurde von Waagen als Vordergrenze des Haftbandes gedeutet und nach Analogie von *Nautilus* ergänzt (punktierter Teil in der Nähe des Mundrandes). Die punktierten Pfeile geben die ungefähre Richtung an, in welcher ein Zurückziehen des Tieres in die Schale vor sich gehen musste.

---

[1] Oppel, Palaeont. Mittheil. p. 251. Taf. 69 Fig. 1, 2.
[2] Jaekel, Über einen Ceratiten aus dem Schaumkalk von Rüdersdorf und über gewisse als Haftring gedeutete Eindrücke bei Cephalopoden. N. Jahrb. f. Min. etc. 1889. Bd. II. p. 30.

seits gegen die Aussenseite hin sehr nahe an den Sipho und das letzte Septum geht (vergl. Fig. 3), welche JAEKEL gegen WAAGEN's Deutung sprechen lässt. Weiter wendet JAEKEL ein, dass es ihm wahrscheinlich sei, dass der Haftring überhaupt derartig erhabene Leisten [d. h. Leisten am Vorderrande des Haftbandes auf der Innenseite der Schale] resp. vertiefte Furchen [Abdrücke der Leisten auf Steinkernen] nicht hervorgerufen habe.

Gegen diesen letzteren Punkt ist folgendes anzuführen: Man beobachtet an Schalen des recenten *Nautilus* bei günstigem Erhaltungszustande den Vorderrand des Haftbandes in Form einer erhabenen verdickten Linie; richtiger gesagt, den Vorderrand des Conchyliolinbelages. In sehr deutlicher Weise zeigt diese Linie eine mir vorliegende Schale von *Nautilus Pompilius* L. aus der Sammlung des Tübinger geologischen Institutes. Würde diese Schale unter günstigen Bedingungen mit Sedimentstoffen erfüllt, würde sie fossil, so würde man auf dem Steinkerne der Wohnkammer den Vorderrand des Haftbandes sicher als fadenförmigen Eindruck beobachten können. Die Möglichkeit, den Vorderrand des Haftbandes bei fossilen Individuen zu finden, erscheint durchaus vorhanden.

Dass man die von OPPEL beobachtete Linie bei *Opp. steraspis* als Vorderrand des Haftbandes deuten darf, und dass die von WAAGEN[1] gegebene Ergänzung richtig ist, macht die folgende Überlegung sehr wahrscheinlich: NÖTLING[2] beschreibt und zeichnet aus dem Hinterende der gerade gestreckten Wohnkammer von *Lituites lituus* MONTF. einen als Haftband zu deutenden Abdruck. Der Vorderrand dieses Haftbandes ist an zwei Stellen (den Haftmuskeln des *Nautilus* entsprechend) nur ganz wenig vorgezogen; der Querschnitt der Wohnkammer ist nahezu kreisförmig.

MOJSISOVICS[3] beschreibt und zeichnet bei *Nautilus eugyrus* eine als Vorderrand des Haftbandes gedeutete furchenförmige Linie auf dem Steinkerne der Wohnkammer. Diese Linie ist der Lage der Haftmuskeln entsprechend auf den Flanken in einen gegen vorne stark konvexen Bogen ausgezogen. *Nautilus eugyrus* ist s e h r e v o l u t, die Windungen sind wenig höher als breit. (Vergl. auch den Haftbandeindruck (?) bei *Nautilus superbus* E. v. MOJSISOVICS l. c. Taf. 4 Fig. 3.)

---

[1] Waagen, l. c. Taf. 40 Fig. 4.
[2] Nötling, Über *Lituites lituus* MONT. Zeitschr. d. deutsch. geol. Ges. 1882. Taf. 11 Fig. 5.
[3] E. v. Mojsisovics, Das Gebirge um Hallstatt. I. Abt. Bd. I. p. 16. Taf. 6 Fig. 6a.

Bei dem recenten *Nautilus Pompilius* ist der Vorderrand des Haftmuskels sehr stark nach vorne gezogen. *Nautilus Pompilius* ist viel involuter als *Nautilus eugyrus* und noch viel mehr als *Lituites lituus*. Bei der wenigst involuten Form *Lituites lituus* ist der Vorderrand des Haftbandes an der den Haftmuskeln entsprechenden Stelle sehr wenig von einem Ringe abweichend; bei der involuteren Nautilidenform des *Nautilus eugyrus* wird der Vorderrand des Haftbandes ziemlich kräftig vorgezogen und damit die Vordergrenze der Haftmuskeln weiter nach vorne verlegt; bei der stark involuten Form des *Nautilus Pompilius* ist dieses am extremsten der Fall. Übertragen wir diese Verhältnisse auf die Ammoniten, so erscheint es erklärlich, dass bei der sehr involuten *Oppelia steraspis* der Vorderrand der Haftmuskeln weit gegen die Mündung vorgeschoben war, dass man mithin WAAGEN's Deutung anerkennen muss. Bei weniger involuten Ammonoideen wird der Vorderrand der Haftmuskeln sehr wahrscheinlich weniger weit nach vorne vorgestreckt sein, und bei stabförmigen wie *Baculites* wird das Haftband wohl in Form eines Ringes analog wie bei *Lituites lituus* ausgebildet gewesen sein.

Die Haftmuskeln und das Haftband dienen dazu, das Tier in der Schale festzuhalten; sie dienen aber auch weiter dazu, das Tier nach dem Hinterende der Wohnkammer zu in die Schale zurückzuziehen, d. h. sie dienen jenen Muskelzügen als Stützpunkt, welche das Zurückziehen des Tieres in die Schale bewirken. In der Wohnkammer eines Orthoceren oder eines *Lituus*, die gerade gestreckt ist, wurde das Tier zweifellos auf allen Seiten gleichartig zurückgezogen. In den Wohnkammern spiral aufgerollter Cephalopoden ist die Rückenseite des Tieres kürzer als die Ventralseite, und je schneller das Höhenwachstum der Windungen der betreffenden Arten ist, um so grösser sind die Längenunterschiede beider Seiten des Tierkörpers. Bei einem gerade gestreckten Nautiloiden musste das Zurückziehen des Körpers parallel der Längsrichtung desselben, also in gerader Linie vor sich gehen, ebenso auch bei gerade gestreckten Ammonoideen. Bei spiralig eingerollten Tieren dieser Gruppen ging das Zurückziehen wohl in Richtung der in Fig. 3 in die Wohnkammer von *Opp. steraspis* eingezeichneten Pfeile vor sich.

Nach den übereinstimmenden Untersuchungen von KEFERSTEIN[1] und WAAGEN[2] rückt das Tier des *Nautilus* langsam in der Schale vor.

---

[1] Bronn's Klassen und Ordnungen Bd. III. Abt. 2. p. 1343.

[2] Waagen, Über die Ansatzstelle des Haftmuskels bei *Nautilus* und den Ammoniten. Palaeontographica. Bd. XVII. p. 186.

Es wird wahrscheinlich nach vorne gedrängt dadurch, dass es an dem Hinterende seines Körpers Gase absondert, die den Körper des Tieres, welcher durch das Haftband dicht an die Schale geschmiegt ist, langsam vorschieben. Beweis für dieses langsame Vorrücken des Tieres geben die auf dem Eindruck des Haftbandes an der Schale sichtbaren dichtstehenden Parallelstreifen, welche dem Vorderrande des Haftmuskels resp. -bandes parallel gerichtet sind. (Siehe Textfigur 1 b.) Die von STEINMANN (Elemente der Palaeontologie Fig. 397 B p. 349) gegebene Zeichnung zeigt diese Verhältnisse nicht ganz deutlich, weshalb ich oben den Abdruck des Haftbandes eines *Nautilus* wiedergegeben habe.

Wie für *Nautilus* ein langsames stetiges Vorrücken in der Schale als erwiesen zu betrachten ist, so muss man ein gleichartiges Vorrücken auch bei den Ammonoideen annehmen. Von Zeit zu Zeit muss das Vorrücken durch Ruhepausen unterbrochen worden sein, während welcher Zeit die Rückseite des Eingeweidesackes die Septen absonderte. Unabhängig von diesen Ruhepausen traten wohl noch andere in grösseren Zwischenräumen ein. Wenn nämlich die Einschnürungen auf den Steinkernen (Varices, Paulostome nach MoJsisovics[1]) wirklich Stellen alter Mündungen sind, so muss jedes Paulostom einem grösseren Ruhestadium entsprechen. Es scheint ausserdem die Schnelligkeit des Fortwachsens der Schale, resp. des Vorrückens des Tieres bei allen Arten nicht gleichmässig gewesen zu sein. MoJsisovics beobachtete an Schalen von *Arcestes intuslabiatus*[2], dass die Anwachsstreifen zwischen je zwei Paulostomen anfangs, d. h. nach dem älteren Paulostom dichter stehen und feiner sind, und dass sie je näher dem folgenden jüngeren Paulostom um so stärker werden und sich in grösseren Distanzen finden. MoJsisovics schliesst daraus, dass das Tier zwischen je zwei Paulostomen, welche Ruhepausen im Wachstum bedeuten, Perioden verschieden intensiven Wachstums besass. Die Schalen verschiedener Arcestiden, die ich zu beobachten Gelegenheit hatte, zeigten übereinstimmend diese Differenz der Entfernungen der Anwachsstreifen. Eigentümlich ist weiter dann, dass Paulostome häufig nur auf den gekammerten Kernen (z. B. bei *Arcestes* s. str. nach MoJsisovics' neuester Fassung), ja oft nur auf den ältesten Windungen gekammerter Kerne vorkommen (z. B. bei der Formenreihe des *Phylloceras Loscombi* und vielen

---

[1] v. Mojsisovics, Das Gebirge um Hallstatt. I. Abt. Bd. II. p. 75.
[2] v. Mojsisovics, Das Gebirge um Hallstatt. I. Abt. Bd. I. p. 113 Taf. 44 Fig. 7 a, b.

anderen), dass also vielleicht während des Baues der Wohnkammer, resp. auch schon viel früher, keine grösseren Ruhepausen gemacht wurden.

Ein stetiges, langsames Vorrücken des Tieres in der Schale und gleichmässiges Fortbauen der Schale am Mundrande erscheint selbstverständlich bei denjenigen Ammonoideen, deren Schale bis zum Mundrande in bezug auf die Höhe und die Breite in gleichmässiger Weise wächst.

Nicht so selbstverständlich erscheint diese Annahme bei den Ammonoideengruppen, deren Wohnkammer in ihrem vorderen Teile verengt ist, resp. bei allen Formen, deren Wohnkammer eine andere Gestalt besitzt, als dieselbe bei gleichmässigem Fortwachsen sein würde, wie es bei *Tropites*, *Halorites*, *Cymbites*, *Sphaeroceras*, *Oecoptychius*, gewissen Oppelien, bei allen im ersten Teile diskutierten Gruppen der Fall ist.

Nehmen wir an, dass ein *Tropites subbullatus* in seiner Wohnkammer, wie wir sie jetzt häufig genug finden, stetig weiter vorrückte, vorne immer weiter noch Schale anbaute, neue Septen absonderte, so würden allmählich die neu entstehenden Umgänge immer schmäler werden, sie müssten in Verfolg der aberrierenden Nabellinie sich mit der Zeit von den früheren Umgängen ablösen. Denken wir uns ein *Oecoptychius refractus* in gleichem Sinne weiter wachsend, so würden wir Formen ganz abenteuerlicher Art erhalten. Derartige Formen hat man nicht gefunden. Man findet vielmehr immer nur Formen, welche eine Wohnkammer zeigen, die stets in dem Sinne von dem gekammerten Teil der Schale abweicht, wie es im vorhergehenden Abschnitte bei den einzelnen Gruppen geschildert ist. Und zwar findet man derartige gleiche Abweichungen im Bereiche einer Art bei Individuen der verschiedensten Grösse.

Unter dieser Rücksicht und im Hinblicke darauf, dass das Ammonitentier zu jeder Zeit seiner Lebensdauer eine Wohnkammer besessen haben muss, liegt die Annahme sehr nahe, dass bei den Ammoniten mit anormaler Wohnkammer diese zu jeder Zeit der Lebensdauer des Ammoniten eine Form hatte wie diejenige, welche uns heute bei den einzelnen Gruppen als in ihrer Gestalt nicht mit dem gekammerten Teile der Windungen übereinstimmend vorliegt. Es wäre dann die vorletzte und alle vorangehenden Wohnkammern der bei den einzelnen Arten bekannten „Wohnkammer" gleich gestaltet. Nimmt man dieses an, so ist ein stetiges Fortwachsen des Tieres in seiner Schale nicht möglich; das Tier muss vielmehr seine

Wohnkammer ganz oder zum Teil resorbieren, ein Stück weit auf dem vorhergehenden Umgange vorrücken und eine neue Wohnkammer bauen.

Es sind nun in der That Stimmen laut geworden, welche ein solches Vorrücken des Tieres, verbunden mit Resorption der Wohnkammerschale, bei Ammoniten mit anormaler Wohnkammer befürworten: In HYATT's Arbeiten [1] wird an verschiedenen Stellen eine solche Ansicht ausgesprochen.

Auch bei BARRANDE [2] finden wir die Ansicht wenigstens teilweiser Resorption ausgesprochen für die Nautiloideen mit vorne verengter Wohnkammer, resp. für Formen, deren Wohnkammer durch die eigenartige Ausbildung der Mündung fast geschlossen wird, wie für die Phragmoceraten, Gomphoceraten, *Hercoceras mirum* [3].

Prüfen wir die Daten, welche das Material unserer Sammlungen uns für die Lösung dieser Frage an die Hand giebt, so finden wir allerdings eine Menge von Erscheinungen, welche auf Resorption der Wohnkammer oder eines Teiles derselben hindeuten können. Nehmen wir z. B. einen *Oecoptychius refractus*, so finden wir die letzte Sutur stets auch bei verschieden grossen Individuen in gleicher Lage gegenüber dem Knie und gegenüber dem Mundrande (bei *s* in Fig. 4 Taf. IV). Die letzte Sutur kann einmal um 1 mm weiter nach vorne oder zurück liegen, nie aber findet man sie so weit vorgerückt, dass sie in der Beugung des Knies läge; nie findet man die letzte Sutur so weit zurückliegend, dass der Mundrand in der Kniebeugung läge. **Niemals ferner hat man Exemplare von *Oecopt. refractus* gefunden, deren Wohnkammer anders als in der bekannten geknieten Form gestaltet, resp. in regulärer Spirale gewachsen wäre.** Formänderungen in dem Masse, wie sie die geknickte Wohnkammer eines *Oecopt. refractus* für den Tierkörper gegenüber der Form der gekammerten Schale zeigt (die punktierte Linie in Fig. 4 Taf. IV giebt den Verlauf der Aussenlinie einer

---

[1] Hyatt, Genesis of the Arietidae. Smithsonian Contributions to Knowledge. 1889. p. 32, und: Genetic relations of *Stephanoceras*. Proceed. of Boston Soc. Nat. Hist. Bd. XVIII. p. 395, 396.

[2] Barrande, Système Silurien. Bd. II. Text IV. p. 139, 141, 1233.

[3] Zu beachten ist hier, dass Koken (Die Vorwelt und ihre Entwickelungsgeschichte. p. ~~191~~) für die Gomphoceraten mit ihrer schlitzförmigen Mündung annimmt, dass bei ihnen der Kopf ausserhalb des Gehäuses lag. Für die uns hier beschäftigenden Fragen ist es gleichgültig, ob das Tier vorne mit dem Kopfe oder gewissermassen mit den Schultern (wenn dieser Vergleich erlaubt ist) gegen eine feste Wand stösst.

regulär gewachsenen Wohnkammer dieser Species an), hat man bei Tieren in einem so vorgeschrittenen Alter, wie es das der *Refractus*-Formen mit Wohnkammer doch repräsentiert, nie beobachtet. Diese Formveränderungen sind bei *Oecopt. refractus* sehr bedeutend und spielen sich (falls das Tier die Wohnkammer nicht resorbierte) in einem Lebensalter ab, welches jedenfalls bereits weit von dem Embryonalstadium — der Zeit der grössten Plasticität des Individuums — entfernt war; sie mussten beginnen, als der Mundrand des Tieres etwa an der Stelle der jetzt als letzten überlieferten Sutur lag. Wie liesse sich eine solche Wohnkammerbildung, wie sie *Oecopt. refractus* zeigt, leichter erklären, als durch Resorption der Wohnkammer? Das Tier resorbierte seine Wohnkammer, rutschte um einen kleinen Betrag auf dem vorletzten Umgang nach vorne, baute eine neue, der früheren analoge Wohnkammer, ein neues Septum. HYATT[1] plaidiert bei *Oecopt. refractus* und analogen Arten mit anormaler Wohnkammer unumwunden für eine solche sich immer wiederholende Resorption der Wohnkammerschale und für ein immer sich wiederholendes Neuaufbauen derselben; er sagt: „These species rebuilt a living chamber at each arrest of growth, which was eccentric having a flatter curvature, and being smaller than the included whorl. This living chamber was also resorbed at each period of renewed growth, as in Scaphites."

Untersuchen wir Scaphiten, Sphäroceraten, Tropitiden, die sämtlichen Gruppen von Ammonoideen mit anormaler Wohnkammer. Wir finden bei den einzelnen Arten stets die letzte Sutur gegenüber den Formveränderungen der Wohnkammer in gleicher Lage, auch bei sehr verschiedener Grösse der einzelnen Individuen. [In der beigegebenen Taf. IV bei *s* an sämtlichen Figuren.]

Gerade die verschiedene Grösse der einzelnen Individuen derselben Art mit ganz übereinstimmender Formveränderung der Wohnkammer ist es, welche zu dem Schlusse der teilweisen oder ganzen Resorption der Wohnkammerschale geführt hat. BARRANDE[2] beobachtete bei einzelnen Arten der Phragmoceraten, Gomphoceraten und bei *Hercoceras mirum* ganze Serien der verschiedensten Grösse, welche stets in gleicher, der Art charakteristischer Weise gebildete Wohnkammerverengerungen am Mundrande zeigten. BARRANDE zog daraus

---

[1] Hyatt, Genesis of the Arietidae. p. 32.
[2] Barrande, Systéme Silurien. Bd. II. Text IV. p. 139, 141, 1233.

den Schluss der teilweisen Resorption der Wohnkammer, da er die kleineren Individuen für Jugendexemplare hielt.

Gejza Bukowski[1] lehrt uns aus dem Oxford von Czenstochau Individuen verschiedenster Grösse seiner *Oppelia distorta* kennen, welche alle eine in gleicher Weise ausgebildete gekniete Wohnkammer haben. Bukowski schliesst daraus: „Nimmt man nun wirklich an, dass die kleinen Stücke unausgewachsene Individuen vorstellen, was im ersten Augenblick wohl ganz natürlich erscheint, so erklärt man unter einem die erwähnten Veränderungen, von denen zunächst die Knickung der Wohnkammer in Betracht kommt, für Merkmale, die vom Alter der Individuen ganz unabhängig zur Ausbildung gelangen. Um sich aber das weitere Wachstum vorstellen zu können, muss man dann zur Annahme einer teilweisen Resorption der Wohnkammer, der hier die ganze vordere geknickte Hälfte anheimfiele, greifen .... Ein Fall aber, in dem die Wohnkammer bis zur Hälfte resorbiert würde, ist bis jetzt meines Wissens nicht bekannt. Die Möglichkeit einer so weit zurückgehenden Resorption müsste bei *Oppelia distorta* entschieden zugegeben werden, falls man die kleinen Exemplare als Jugendformen auffassen wollte."

E. v. Mojsisovics[2] beschreibt Formen des *Tropites discobullatus*, welche in ihrer Grösse (Durchmesser) bis zu 30 mm differieren.

Bei *Sphaeroceras bullatum* d'Orb. kann man die verschiedensten Grössenverhältnisse beobachten. Im Durchschnitt erreichen die Individuen eine Grösse von 80—90 mm, doch kommen Schwankungen von 70—120 mm, ja bis zu mehr als 300 mm Durchmesser vor; wobei jedoch bei kleineren Individuen die Zerschlitzung der letzten Sutur nicht mehr den Charakter von Jugendformen trägt. Analog schwanken die Masse bei manchen anderen mit anormaler Wohnkammer ausgerüsteten Arten.

Sind die kleinen Individuen nun Jugendexemplare, und da man die letzte Sutur sowohl bei kleinen als bei grossen Exemplaren in derselben Lage gegenüber den Formänderungen der Wohnkammer findet, erscheint eine solche Annahme ja von vornherein gerechtfertigt, so können diese Formen nur weiterwachsen, indem sie die Wohnkammer ganz oder teilweise resorbieren.

Eine andere Überlegung kann ebenfalls zu dem Schlusse führen,

---

[1] Gejza Bukowski, Über die Jurabildungen von Czenstochau in Polen. Beiträge zur Palaeontologie Österreich-Ungarns und des Orients. Bd. V. p. 121.

[2] E. v. Mojsisovics, Das Gebirge um Hallstatt. I. Abt. Bd. II. p. 212. Taf. 102 Fig. 7, 8. Taf. 104. Taf. 105 Fig. 2, 3, 4, 7.

dass die anormalen Wohnkammern resorbiert würden. Nimmt man an, dass die Wohnkammer nicht resorbiert würde, so erleidet der Tierkörper sehr erhebliche Formveränderungen. Bereits bei Besprechung des *Oecopt. refractus* wurde darauf hingewiesen; ein Blick auf Taf. IV Fig. 4 ruft diese Verhältnisse nochmals zurück. In nebenstehender Skizze (Fig. 4 A und B) habe ich schematisch die Wohnkammer und einen Teil der vorletzten Windung eines *Sphaer. bullatum* aufgerollt, die Rücken-(Innen-)Seite also unverhältnismässig gereckt, und mir dieselbe auf eine Ebene senkrecht zur Symmetrieebene des Tieres projeziert gedacht. Die ganz ausgezogenen Linien geben das

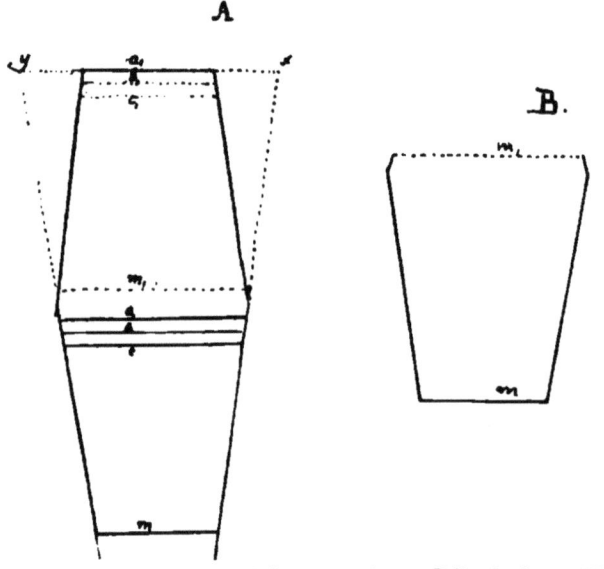

Fig. 4. Schematische Darstellung der Wohnkammer und eines Teiles der letzten Windung von *Sphaeroceras bullatum* d'Orb. sp. (vergl. Text).

an der Schale Beobachtete, die punktierten Linien Hypothetisches wieder. Jetzt ist uns eine Wohnkammer überliefert, welche von dem letzten Septum a bis zum Mundrande a_1 geht. [Die Zeichnung giebt die Verhältnisse der Wohnkammer nicht ganz richtig wieder, da die Höhe der Wohnkammer sich nicht in gleicher Weise wie die Breite derselben nach vorne zu verändert. Die Höhenzunahme nach der Mündung hin ist aber viel geringer als die Verminderung der Breite, doch immerhin kommt die Skizze den faktischen Verhältnissen ziemlich nahe.] Würde die Wohnkammer eines *Sphaer. bullatum* nicht resorbiert, so müsste die der jetzt fossil überlieferten

Wohnkammer aa_1 vorangehende bb_1 gewesen sein, sie müsste vom vorletzten Septum b etwa bis b_1 gereicht haben. Die nächstzurückliegende müsste cc_1 gewesen sein, und so fort bis mm_1. Bei der Wohnkammer mm_1, welche in ihrer Form beinahe das umgekehrte Bild der Wohnkammer aa_1 bietet (Fig. 4 B), stellte sich — unter der Annahme, dass keine Resorption einträte — die Formveränderung am Mundrande, dem Vorderende des Tierkörpers ein, welcher auf diese Weise dauernd umgestaltet wird. Bei der folgenden Wohnkammer wurde das Vorderende des Tieres wieder mehr verengt, eine etwas weiter hinten liegende Partie des Tierkörpers wurde verbreitert. So geht das fort, bis schliesslich die letzte Wohnkammer aa_1 vorne am engsten, hinten am weitesten ist. In noch krasserem Lichte erscheinen die Formveränderungen eines *Sphaer. bullatum*, wenn man sich dasselbe nach Art der regelmässig wachsenden Ammonoideen ausgebildet denkt und die einem solchen Wachstum entsprechende Wohnkammer konstruiert. Dieselbe würde in der Skizze Fig. 4 A der Ausdehnung a, x, y entsprechen.

Konstruiert man eine regelmässig gewachsene Wohnkammer für *Sphaer. microstoma, Trop. subbulatus*, so würde dieselbe in den Taf. IV Fig. 9 und 12 wiedergegebenen Querschnitten den in diesen Figuren punktierten Linien entsprechen. Taf. IV Fig. 5 giebt die verschiedenen Mundrandquerschnitte, welche das Tier des *Oecopt. refractus* bei s, a, b (Taf. IV Fig. 4) aufweist, wenn es seine Wohnkammer nicht resorbiert.

Derartige Formveränderungen, wie die eben geschilderten — und zwar in relativ spätem Alter der Individuen — sind bei Tieren meines Wissens und, soviel ich danach Erkundigungen einzuziehen vermochte, nicht beobachtet worden [1]. Die Formveränderung beginnt bei *Sphaer. bullatum* (immer unter der Voraussetzung, dass keine Resorption der Wohnkammer stattfände) am Ende des vorletzten Umganges; sie spielt sich also ab in einem Zeitraume, der zum Bau eines Umganges erforderlich ist. Sie tritt ein zu einer Zeit, in welcher das Tier in bezug auf die Ausbildung der Lobenlinie (abermals etwa einen Umgang

---

[1] Die bei Foraminiferen beobachteten Formveränderungen sind mit denen der Ammoniten mit anormalen Wohnkammern nicht übereinstimmend. Bei Foraminiferen kommt es vor, dass eine oder einige Kammern anders gebaut sind, als die Mehrzahl derselben. Doch hier wird immer nur ein Teil des die ganze Schale erfüllenden Sarcodekörpers in eine andere Form gezwängt, während bei den viel höher organisierten Ammonoideen mit anormaler Wohnkammer häufig der g a n z e Körper seine Form ändern müsste.

zurück) und die Skulptur in den weitaus meisten Fällen nicht mehr den Charakter einer Jugendform trug.

Die Formveränderungen der Wohnkammer, das Fehlen von Individuen derselben Art, welche Übergangsstadien vom Eintritt der Veränderung an bis zu deren Vollendung zeigen, die verschiedene Grösse von Individuen derselben Art mit ganz gleich formveränderten Wohnkammern legen den Schluss nahe, dass die Ammoniten mit anormaler Wohnkammer zu ihrem Weiterwachsen Resorption eines Teiles oder der ganzen Wohnkammer vornahmen. Resorptionen von geringerem Umfange müssten auch bei Ammoniten stattgehabt haben, deren Mundrand Ohren trug. Wie BARRANDE für die mit so ausserordentlich verengten Mündungen versehenen Phragmoceraten und Gomphoceraten eine Resorption des vorderen Teiles der Schale annahm, so kann man ein Weiterwachsen eines Perisphincten mit Ohren, eines *Stephanoceras Braikenridgi*, eines *Morphoceras pseudoanceps* nur dann sich möglich denken, wenn die Ohren resorbiert wurden — falls die Ohren auch den Mundrand der Jugendstadien schmückten. [Ja es wird allgemein angenommen, dass Arten mit Ohren dieselben gegen das Alter hin oft wieder verlören; eine Annahme, welche wohl noch erst sicherer Begründung bedarf.] Ob die Formveränderung der Wohnkammer auf den vorderen Teil derselben beschränkt ist, oder ob sie über die ganze Wohnkammer ausgedehnt ist, ist für die Frage der Resorptionserscheinungen im Prinzip vollkommen gleichwertig.

Hat man nun überhaupt faktische Beweise, dass Resorptionen der Schale oder von Schalenteilen bei Ammoniten vorkommen? LORENZ TEISSEYRE[1] erklärt die „Parabellinien" von Perisphincten, von denen ihm aus dem Rjäsan'schen Ornatenthone Exemplare vorlagen, welche diese Bildungen in ausgezeichnetem Masse zeigen, als Grenzen der jeweilig vorgenommenen teilweisen Resorption des Mundrandes. Die Abstände solcher Parabellinien stimmen ziemlich genau mit den Abständen von Septen überein, welche etwa um Wohnkammerlänge von den einzelnen Parabellinien zurückliegen. Auffallend und von TEISSEYRE als gravierend für die Resorptionshypothese benutzt ist das Verhalten der Skulptur an diesen Parabellinien. Es kommt nämlich vor, dass die Rippenteile vor der Parabellinie mit denen

---

[1] Teisseyre, Cephalopodenfauna der Ornatenthone im Gouvernement Rjäsan (Russland). Sitzber. Akad. Wien. 1883. I. p. 608—624, und Teisseyre, Über die systematische Bedeutung der sogenannten Parabeln bei Perisphincten. N. Jahrb. f. Min. etc. Beil.-Bd. VI. p. 570—643.

hinter derselben nicht korrespondieren. Resorbierte das Tier einen
Teil des Mundrandes (zurück bis zu der als Parabellinie überlieferten
Bildung), baute es dann wieder Schalensubstanz an, so brauchten
die in den Ausbuchtungen vor und hinter der Parabellinie liegenden
Rippenteile nicht zusammenzufallen. Man findet nun neben Parabellinien Einschnürungen [1] (z. B. bei *Per. curvicosta* Opp., *sulciferus* Opp.),
welche in ihrem Verhalten vollkommen mit denen übereinstimmen,
welche wir vor dem heute als letztem überlieferten Mundrande
eines Perisphincten mit Ohren kennen. Diese Einschnürungen finden
sich in grösseren Abständen als die Parabellinien. Die Einschnürungen sind nicht von Parabellinien-ähnlichen Gebilden (etwaigen
Resorptionsresten) begleitet. Einschnürungen auf Steinkernen erklärt
Mojsisovics als Paulostome, als Schalenverdickungen von in gewissen
Abständen stehengebliebenen Mundrändern, von Mundrändern also,
welche grössere Ruhepausen im Wachsen der Schale und des Tieres
repräsentieren. Neben diesen Ruhepausen im Wachsen der Schale
würden die Parabellinien zunächst weitere Pausen bedeuten, und
zwar Pausen, in welchen die Septen abgesondert wurden. Nach
Mojsisovics [2] sind stark kontrahierte Peristome (also wohl auch Peristome mit Schalenverdickungen und Ohren wie bei den Perisphincten)
Kriterien für ausgewachsene Individuen. Man hätte demnach im
Leben eines Ammoniten Ruhepausen dreierlei Art zu konstatieren:
1) Bildung der Septen (begleitet von Parabellinienbildung bei Perisphincten), 2) Bildung der Paulostome, 3) die letzte Pause, während
welcher das Peristom gebildet wurde und das Tier am Ende seines
Wachstums angelangt war. Abgesehen von der letzten Ruhepause
würden die beiden ersteren Ruhepausen anderer Art bedeuten oder
auch Beweis geben für zwei verschieden weit sich erstreckende Resorptionsarten der Mundrandteile, falls der Mundrand eines Perisphincten zu jeder Zeit dem uns jetzt als letzten überlieferten gleich
gebildet war. Übrigens giebt es ja auch eine grosse Menge von
Ammoniten, welche keine Einschnürungen auf den Steinkernen
tragen, welche also Mundränder ohne Schalenverdickungen hatten.

---

[1] Das Vorkommen von Einschnürungen bei einer mit durchaus anormaler
Wohnkammer ausgestatteten Art: *Morphoceras dimorphum* d'Orb. sp., veranlasst
selbst einen der Verteidiger von Resorptionen der Wohnkammer, Hyatt, grössere Resorptionen wenigstens bei dieser Art zu leugnen. [Genetic relations of
Stephanoceras p. 374: „The presence of the furrows also shows, that the living
chamber was never absorbed to any great extent....."]

[2] v. Mojsisovics, Arktische Triasfaunen. Mém. de l'Acad. des sciences
de St. Pétersbourg. Bd. XXXIII. p. 23.

Wie dem auch sei, jedenfalls ist es schwer zu erklären, wie die Resorption auch nur eines Teiles des Mundrandes vor sich gegangen sein soll. Dasselbe Organ, der Mantel, resp. der Mantelrand, sonderte einmal Schalensubstanz ab, ein zweites Mal zerstörte es wieder die ausgeschiedene Substanz, zwängte sich ein Stück rückwärts, um wieder in Kontakt mit dem Schalenrande zu gelangen und weitere Schalensubstanz abzulagern? Resorptionen kennt man bei einigen Schnecken (*Conus*), bei welchen ein Teil der Spindelmasse resorbiert wird, um weiter vorne an einem anderen Teile der Schale wieder abgelagert zu werden. Bei Cypraeen wird auch angenommen, dass ein Teil der sehr stark verdickten Mundöffnung resorbiert wird, um ein Weiterwachsen des Tieres zu ermöglichen; **thatsächlich beobachtet ist aber auch hier die Resorption nicht.**

Ungezwungen liessen sich die Parabellinien wohl auch als wirkliche Mundränder erklären, welche in Form der Parabellinie ausgebildet waren und welche von den mit Ohren versehenen (letzten) Mundrändern der Perisphincten ziemlich weit abwichen. Eine endgültige Erklärung hierfür müsste das Verhalten der Anwachsstreifen geben. Sind die Parabellinien faktische Mundränder, nicht Resorptionsgrenzen, so müssen die Anwachsstreifen ihnen parallel gehen. Die Anwachsstreifen müssten dann die Rippen kreuzen, was übrigens bei Rippenspaltungen eo ipso z. T. der Fall sein muss. Das mir zu Gebote stehende Material liess eine Untersuchung nach dieser Hinsicht nicht zu: ich konnte fast nur Steinkerne untersuchen, die wenigen Schalenexemplare ergaben kein Resultat. Bei der Schale von *Argonauta*, die nur aus Porzellansubstanz besteht, kreuzen sich Anwachsstreifen und Rippen immer.

Wie bereits gesagt, kann man die Parabellinien ungezwungen als wirkliche Mundränder ohne Resorptionserscheinungen erklären; und Resorptionserscheinungen sind bei Ammoniten wohl überhaupt nicht sicher nachzuweisen. In dieser Beziehung war es mir von besonderer Freude, von Herrn E. v. Mojsisovics in einem vom 13. Februar 1894 datierten Briefe eine mit der meinen harmonierende Ansicht ausgesprochen zu finden: „. . . . **dass ich Ihre Ansicht über die Unzulässigkeit der Annahme einer Resorption der Mundränder und der anormalen Wohnkammern vollständig teile.**"

Giebt es nun Beweise, welche **gegen** die Resorption der Wohnkammer oder eines Teiles derselben sprechen? Diese Frage darf wohl mit einem zweifellosen **Ja** beantwortet werden.

Bei Ammoniten, deren Mundrand keine Einschnürungen, keine Schalenverdickungen zeigt, und welche bis zum Ende der Röhre durchaus regelmässig gewachsen sind, brauchte keine Resorption vorgenommen zu werden. Ja man hat sogar ganz direkt Beweise dafür, dass bei gewissen Ammoniten keine Resorption stattfand. NEUMAYR[1] beschrieb ein *Lytoceras immane*, welches stehengebliebene Mundränder zeigte, Mundränder von Trompetenform, ähnlich wie sie die Nautilidenform des *Gyroceras alatum* aufweist. Das Stehenbleiben solcher Mundränder spricht entschieden gegen Resorption. Die Schalenausbesserungen im gekammerten Teile der Schale, wie eine solche in sehr schöner Weise mir bei *Phylloceras disputabile* ZITT.[2] vorlag, beweisen auch, dass wenigstens bei Ammoniten mit regelmässigem Wohnkammerwachstum keine Resorption der Schale stattfand. Eine Ausbesserung derart konnte nur vorgenommen werden, solange dieser Windungsteil Wohnkammer war. Die neue Schalensubstanz ist von innen aus gegen den Bruchrand der Schale angeheftet, nicht etwa von der Aussenseite her, wie es der Fall sein müsste, wenn das Tier die Ausbesserung dieser Bruchstelle vorgenommen hätte, als hier bereits Septen abgesondert waren. Ebenso sprechen auch Unregelmässigkeiten der Schale, welche durch Mantelrandverletzungen hervorgerufen sind und sich nicht nur über die Wohnkammer hinziehen, sondern auch auf dem gekammerten Teile vorkommen, gegen Resorption der Wohnkammer. Ich konnte derartige Narben von Mantelrandverletzungen bei mehreren Exemplaren von *Sphaer. Gervillei*, einer Form mit anormaler Wohnkammer, beobachten.

Würde ein Ammonit mit anormaler Wohnkammer seine Wohnkammer ganz oder teilweise resorbieren und dann eine neue bauen, wie es HYATT annimmt, so müsste man Resorptionsgrenzen bei diesen Arten konstatieren können. Bei dem Vorgange der Resorption müssten Rippen und Knoten in verschiedener Weise zerstört, oder z. T. zerstört werden. Baute nun das Tier seine neue Wohnkammerschale, nachdem es die alte resorbiert hatte, so brauchten die neu abgeschiedenen Rippen und Knoten nicht mit den alten stehen gebliebenen zu verschmelzen; sie müssten vielmehr von diesen abweichen und so deutliche Grenzen der Resorption überliefern. Es

---

[1] Neumayr, Über die Mundöffnung von *Lytoceras immane* OPP. Beiträge zur Palaeontologie Österreich-Ungarns und des Orients. Bd. III. p. 101—103. Taf. XX.

[2] Pompeckj, Beiträge zu einer Revision der Ammoniten des schwäbischen Jura. Lief. I. Taf. II Fig. 3.

ist solches aber bei keinem *Oecoptychius*, *Scaphites*, *Sphaeroceras* oder anderen Ammoniten mit anormaler Wohnkammer zu beobachten. Die Litteratur über Ammoniten giebt keinen Anhalt hierfür (selbst HYATT nicht). BUKOWSKI (l. c. p. 121) steht, „da irgendwelche positive Anhaltspunkte fehlen, ob ein solcher Vorgang (Resorption mindestens der halben Wohnkammer bei *Oppelia distorta* BUK.) hätte stattfinden können," von der Diskussion der Frage, ob anormale Wohnkammern resorbiert würden, ab.

Es ist schwer zu erklären, wie z. B. ein *Oecopt. refractus*, wenn er seine geknickte anormale Wohnkammer resorbiert hat, ein Stück weit auf dem vorhergehenden Umgange nach vorne rutschen und dann eine neue Wohnkammer bauen soll? Wie würde das Tier mit dem gekammerten Teile der Schale in Konnex bleiben? Durch den Sipho allein? Es ist kaum denkbar, dass auf diese Weise das Tier stets in der Symmetrieebene weiter gewachsen wäre, wie es in der That der Fall ist. Ausserdem müsste das Tier dann, wenn die alte Schale zerstört war, sehr leicht zu Grunde gehen. Allerdings sind Wohnkammerexemplare, wie überhaupt bei Ammoniten, so auch bei denen mit anormaler Wohnkammer, relativ selten, und man könnte sagen, gerade dieses seltene Vorkommen von Wohnkammerexemplaren spräche dafür, dass die betreffenden Tiere zu Grunde gegangen wären in einer Zeit, als die alte Schale resorbiert und die neue noch nicht gebaut war. Aber für diese Argumentation fehlen die Nachweise von Resorptionsgrenzen (vergl. oben).

Geradezu unmöglich wird die Annahme, dass das Ammonitentier seine Schale resorbierte, etwas nach vorne rutschte und dann eine neue Schale baute, bei den Scaphiten, deren Wohnkammer z. T. von der Spiralschale abgelöst ist, oder bei einem *Macroscaphites*, wo die ganze Wohnkammer von der Spirale abweicht. (Nebenbei gesagt, lassen sich auf dem spiralen, gekammerten Teile eines *Macroscaphites* Paulostome konstatieren.) Wie sollte das Tier eines solchen Scaphiten, eines Macroscaphiten mit dem Spiralteile in Verbindung geblieben sein? Wie sollte das Tier ferner, nach der Resorption seiner Wohnkammerschale, nackt, ohne Stütze, so regelmässig seine Form bis zur Absonderung der neuen Wohnkammerschale bewahren, wie wir sie z. B. bei der Wohnkammer von *Macroscaph. Yvani* stets überliefert finden? Und doch kennt man nur Wohnkammern von Scaphiten und Macroscaphiten, welche bei derselben Art stets in gleicher Weise vom gekammerten Schalenteile abweichen.

Die bei vielen trachyostraken, aber auch bei leiostraken Ammoniten beobachteten Ausbuchtungen des Mundrandes in der Nähe des Nabels werden vielfach so gedeutet, dass hier ein Armpaar sich aus der Wohnkammer hinaus über die äussere Schale legte. Die von Douvillé beschriebene Mundform des *Morphoceras pseudoanceps*, die Mündungen der mit Ohren versehenen Ammoniten überhaupt, lassen diese Deutung erklärlich erscheinen. Selbst wenn aber das Tier während der Resorptionszeit der Schale durch Arme (ähnlich wie bei *Argonauta*) mit dem Spiralteil der Schale in Verbindung gehalten wurde, so war es doch während dieser Zeit ausserordentlich wenig gegen Verletzungen geschützt und musste sehr leicht zu Grunde gehen[1].

Resorptionserscheinungen sind bei Ammoniten überhaupt nicht nachgewiesen. Ammoniten, welche bis zur Mündung regelmässig wachsen, haben keine Resorption nötig. Bei ganz oder teilweise stabförmig gebauten Ammoniten, welche auch im gestreckten Teil der Schale Scheidewände tragen, gehört Resorption der Wohnkammer einfach zu den Unmöglichkeiten. Es giebt an Ammoniten alte Mundränder, welche keine Resorptionserscheinungen zeigen. Die Ausbesserungen von Schalenbrüchen, welche sich im jetzt gekammerten Teile der Schale finden, konnten nur bestehen bleiben, wenn keine Resorption der Wohnkammer statt-

---

[1] Für die Erscheinung, dass man Wohnkammern verhältnismässig selten erhalten findet, genügt die Erklärung, dass die Wohnkammerschale eines zu Grunde gegangenen Tieres überhaupt weniger widerstandsfähig sein musste, als der mit Stützwänden (den Septen) versehene gekammerte Schalenteil. Bei der Beschreibung des *Lytoceras immane* erwähnt Neumayr einen vorderen verdrückten Teil der Wohnkammer. Neumayr glaubt diese Verdrückung so erklären zu können, dass dieser Teil noch nicht vollkommen verkalkt war, infolgedessen durch auflastenden Druck leichter zerstört werden konnte. Es ist da wohl die folgende Erklärung anzunehmen: Der Ammonit baute beim Weiterwachsen zunächst nur eine gewisse Strecke die Porzellanschicht weiter, erst dann lagerte er von der Mantelfläche gegen die Innenseite Perlmuttersubstanz ab [letztere zeigt bei *Nautilus* keine Anwachsstreifung, sondern sie ist glatt]. Wurde das Tier getötet, bevor die innere Schalensubstanz abgelagert war, so konnte der neugebaute Wohnkammerteil leicht zerstört werden. Aus dem schwäbischen Ornatenthon liegt mir eine grosse Menge von Exemplaren des *Oecoptychius refractus* vor, welche nur die Hälfte der Wohnkammer erhalten zeigen; z. T. ist die vordere Hälfte derselben noch in verdrücktem Zustande erhalten, z. T. aber fehlt sie ganz und der unregelmässige Bruchrand der erhaltenen halben Wohnkammer (meistens Steinkerne) beweist, dass die hintere Hälfte widerstandsfähiger war; vielleicht also waren nur erst im hinteren Teile der Wohnkammer bei diesen Exemplaren beide Schalenschichten abgesondert.

fand. Aus diesen Sätzen ist der Schluss berechtigt, dass auch die Ammoniten mit anormalen Wohnkammern diese Wohnkammern nicht resorbierten.

Von ganz besonderem Interesse und die Ansicht von Resorptionen der Wohnkammer schlagend widerlegend, sind nun zwei Exemplare von Ammoniten, welche von E. v. Mojsisovics und Bukowski beschrieben wurden:

Arcestes bicornis v. Hauer sp.[1] und
Oppelia minax Bukowski[2].

Beide Exemplare repräsentieren Jugendformen von Arten, welche wir als mit anormalen Wohnkammern ausgestattet kennen. Beide Exemplare aber zeigen Wohnkammern und zwar ganz regelmässig gebaute Wohnkammern. Es sind dieses, soweit ich weiss, die beiden einzigen Fälle, in denen man mit Wohnkammern ausgestattete Jugendformen von Arten mit „anormaler Wohnkammer" kennt. Die Zugehörigkeit beider Exemplare zu den betreffenden Arten erscheint zweifellos, und bei dem genannten Exemplar von *Oppelia minax* hebt Bukowski noch besonders hervor, dass die Skulptur dieser Wohnkammer durchaus mit derjenigen grösserer gekammerter Kerne übereinstimmt. Die Wohnkammer grösserer Exemplare ist gegen vorne verengt, mit erweitertem Nabel versehen und trägt eine abweichende Skulptur. Bukowski schliesst aus dem Vorkommen einer nicht veränderten Wohnkammer bei *Opp. minax*: „Dieser Umstand deutet nun mit Bestimmtheit darauf hin, dass die an grossen Exemplaren beschriebenen Veränderungen nicht als Charaktere der Wohnkammer aufzufassen sind — denn dann müssten sie bei verschiedenalterigen Individuen in gleicher Weise auftreten — sondern dass ihr Auftreten an ein bestimmtes Alterstadium gebunden ist."

Wie die beiden angeführten Exemplare von *Arc. bicornis* und *Opp. minax* lehren, können Individuen verschiedener Altersstadien mit Wohnkammer überliefert werden. Bei Ammoniten mit „anormaler Wohnkammer" haben dann die Jugendstadien eine anders gestaltete

---

[1] E. v. Mojsisovics, Das Gebirge um Hallstatt. I. Abt. Bd. I. Taf. 47 Fig. 4a—c. Fig. 4c ist, wie Herr v. Mojsisovics mir mitzuteilen die Güte hatte, durch ein Versehen des Zeichners so gezeichnet worden, als ob die Wohnkammer nach vorne zu verschmälert würde. Es ist das nicht der Fall, die Wohnkammer wächst vielmehr bis zum Mundrande ganz regelmässig an Höhe und Breite weiter; vergl. damit Fig. 5 u. 6.

[2] Gejza Bukowski, Über die Jurabildungen von Częnstochau in Polen. Beiträge zur Palaeontologie Österreich-Ungarns und des Orients. Bd. V. p. 107.

Wohnkammer als die meist fossil überlieferte der erwachsenen Individuen.

Die Parabellinien der Perisphincten konnte man als alte Mundränder deuten, welche in ihrer Form von den mit Ohren geschmückten abweichen. Die Anwachsstreifen der Schale eines Ammoniten müssen aber notgedrungen auch jeweils einen nur ganz vorübergehend existierenden Mundrand bedeuten. Es herrscht im allgemeinen die Ansicht, dass Ammoniten mit Mundrandohren dieselben gegen das Alter hin resorbieren. Der Ansicht vermag ich mich nicht anzuschliessen, da man dann an der Schale Resorptionsgrenzen finden müsste, was nicht der Fall ist (siehe oben). Ich glaube vielmehr, dass ein mit Ohren ausgestatteter Mundrand auf ein ausgewachsenes Individuum deutet. WAAGEN[1] bildet zwei Stücke von *Harpoceras opalinum* von Saskale in Galizien mit Mundrand ab; beide sind gleich gross; das eine trägt Ohren, das andere nicht. Bei diesem letzteren nun verläuft der Mundrand wie die Anwachsstreifen auf der ganzen Schale; bei dem ersteren ändert sich naturgemäss die Richtung der Anwachsstreifen in der Nähe des Mundrandes und der Ohren; doch nur wenig auf der Windung zurück verlaufen die Anwachsstreifen in regelmässiger Weise. Auch WAAGEN erklärt das Vorkommen und Fehlen von Ohren am Mundrande von *Harp. opalinum* so, dass das Tier nur bis zu einem gewissen Stadium Ohren trug, sie dann resorbierte und nicht mehr baute, falls nicht individuelle Verschiedenheiten die Herausbildung von Ohren bedingten. (Die naheliegende Frage nach sexuellen Unterschieden bringt WAAGEN nicht mit den Ohren in Beziehung.)

Ich glaube nun auch den Schluss für gerechtfertigt zu halten, dass *Harp. opalinum* (Fig. 6 bei WAAGEN) ohne Ohren ein Individuum repräsentiert, welches starb, ohne die Schale bis zu der Form der ganz erwachsenen ausgebaut zu haben, während *Harp. opalinum* (Fig. 7 bei WAAGEN) ein vollkommen ausgewachsenes Individuum repräsentiert[2].

Die regelmässig ausgebildeten Wohnkammern der genannten beiden Exemplare von *Arc. bicornis* und *Opp. minax* beweisen, dass die Wohnkammer bei diesen Arten zu verschiedenen Zeiten verschieden gestaltet waren; sie beweisen ferner, dass Resorptionen der

---

[1] Waagen, Über die Ansatzstelle des Haftmuskels bei *Nautilus* und den Ammoniten. Palaeontographica. Bd. XVII. p. 195. Taf. 40 Fig. 6, 7.

[2] Die beiden Waagen'schen Abbildungen zeigen übrigens in bezug auf Wohnkammerlänge und Nabelweite sehr erhebliche Differenzen.

Wohnkammern bei diesen Arten nicht vorkamen. Was aber von *Arc. bicornis* und *Opp. minax* gilt, darf man auch getrost auf die übrigen „Ammonoideen mit anormaler Wohnkammer" übertragen und schliessen, es giebt keine Resorption der anormalen Wohnkammern. Da man ferner keine als Resorptionsgrenzen zu deutende Bildungen bei Ammoniten kennt, so ist die Frage nach Resorptionserscheinungen überhaupt zu verneinen.

Für die Ammoniten mit anormalen Wohnkammern ist dann noch weiter zu schliessen: **Die der letzten überlieferten anormalen Wohnkammer vorangehenden Wohnkammern waren von dieser abweichend gestaltet.**

Weiter geht aus dem Gesagten hervor, dass man in den Beschreibungen von Art- oder Gattungscharakteren streng genommen nicht sagen darf: „Die Wohnkammer ist in der und der Weise gegen die Spirale des gekammerten Gehäuseteiles verändert", sondern dass man hierbei betonen müsste: „Die letzte Wohnkammer, oder die Wohnkammer eines ausgewachsenen Tieres u. s. w."

III.
Über die Bedeutung der „anormalen Wohnkammern" der Ammonoideen.

Es ist darauf hingewiesen worden, dass man bei derselben Art von Ammoniten mit anormaler Wohnkammer Individuen der verschiedensten Grösse kennt, welche die Formveränderung der anormalen Wohnkammer stets in gleicher für die betreffende Art charakteristischer Weise zeigen, z. B. bei *Sphaer. bullatum* D'ORB. sp., *Trop. discobullatus* E. v. MOJS., *Opp. distorta* BUK., *Morphoc. dimorphum* D'ORB. sp. und bei vielen anderen. Durch die beiden Exemplare von *Arc. bicornis* v. HAU. sp. und *Opp. minax* BUK. ist es erwiesen, dass die Jugendstadien eine von der als formverändert überlieferten Wohnkammer abweichend gebaute, der regelmässigen Spirale entsprechende Wohnkammer besassen. Da ferner überhaupt Wohnkammern nicht resorbiert wurden, wie Resorptionserscheinungen an den Schalen von Ammoniten mit Sicherheit durchaus nicht nachweisbar sind, so ist der Schluss berechtigt, **dass anormale Wohnkammern ausgewachsene Individuen repräsentieren, selbst wenn die Grössenverhältnisse von Individuen** derselben Art sehr verschiedene sind[1]. Wie ist nun diese Grössenverschiedenheit ausgewachsener Individuen derselben Art zu erklären.

Grjza Bukowski sagt bei der bereits citierten Diskussion seiner *Opp. distorta*, dass man die verschiedene Grösse gleich formveränderter Exemplare zunächst als auf sexuellen Unterschieden beruhend deuten könne. Gegen diese Deutung erhebt aber der Autor selbst Widerspruch, indem er anführt, dass in den Grössenunterschieden keine Konstanz besteht, sondern dass man zwischen den grössten und kleinsten Individuen derselben Art alle möglichen Übergänge findet. Das Gleiche kann man bei sämtlichen anderen Ammonitenformen beobachten. Die Grössenverhältnisse übersteigen, wie oben angeführt, das Mass, welches wir bei heute lebenden Arten beobachten. Wenigstens kommen Grössendifferenzen von solchem Umfange nicht an den heute in gleicher Gegend unter gleichen Bedingungen lebenden Arten vor. Gleiche Lebensbedingungen aber existierten im Meer der Macrocephalenzone wohl im ganzen schwäbischen Jura, wo die *Sphaer. bullatum* abgelagert wurden, und doch findet man an einem Fundorte, Laufen bei Balingen, Individuen sehr verschiedener Grösse. Gleiche Lebensbedingungen mussten auch im Jurameere bei Czenstochau existieren zu der Zeit, als dort die Oxfordthone abgelagert wurden, in welchen wir heute die sehr verschieden grossen Individuen von *Opp. distorta* Buk. nebeneinander finden.

Walther[2] plaidiert nun, indem er die Ammoniten in bezug auf ihre Bedeutung als Leitfossilien bespricht, dass dort, wo wir heute Gehäuse von Ammoniten finden, das Ammonitentier gar nicht gelebt zu haben braucht. Man findet Schalen von *Nautilus* und *Spirula* heute an allen Küsten des Indischen Oceans verbreitet, in sehr viel grösserer Verbreitung als die Tiere selbst (was namentlich von *Spirula* gilt). Diese Erscheinung ist darauf zurückzuführen, dass die Schalen nach dem Tode und nach der Verwesung der Tiere als specifisch sehr leicht von Meeresströmungen sehr weit fortgeführt und auf diese Weise weit verbreitet werden können. So gelangen die *Nautilus-*

---

[1] Unter dem Umstande, dass verschieden grosse Individuen ausgewachsen sein können, gewinnt Quenstedt's so oft wiederholter Schluss: „Die kleine Scheibe ist bereits ausgewachsen, denn sie hat eine Wohnkammer," viel an Berechtigung. Allerdings können auch Wohnkammern nicht ausgewachsener Individuen fossil überliefert werden, doch scheint das wohl nicht als besonders häufig anzunehmen zu sein, wie die grosse Seltenheit normal gebauter fossiler Wohnkammern der sog. Ammoniten mit anormaler Wohnkammer beweist.

[2] Walther, Die Lebensweise der Meerestiere. p. 509—516.

Schalen in grossen Mengen an die Küsten und werden dort allmählich zerstört. Dringt in die Luftkammern einer *Nautilus*-Schale Wasser, bevor dieselbe an eine Küste geworfen wird, so muss sie zu Boden sinken, und sie wird in die Möglichkeit kommen fossil zu werden, wie so die zahlreichen Nautilidenschalen uns fossil überliefert sind. Nach dem Tode und der Verwesung des Ammonitentieres musste auch die Ammonitenschale planktonisch werden.

Meeresströmungen können sich sehr weit erstrecken; sie streifen Gebiete verschiedener Lebensbedingungen. Unter verschiedenen Lebensbedingungen an verschiedenen Orten erreicht dieselbe Art verschiedene Grösse[1]. Dieselbe Meeresströmung kann also Individuen derselben Art (oder deren Schalen) von verschiedenen Lebensbezirken, unter verschiedenen Bedingungen entwickelt, daher von verschiedener Grösse und unter Umständen auch von etwas abweichender Skulptur nach einem und demselben Orte transportieren. Die gleich grossen Schalen der aus einem Bezirke stammenden Tiere können aber auch an verschiedenen Stellen zu Boden gesunken sein, je nachdem, ob früher oder später durch irgendwelchen Grund Wasser in die Luftkammern drang und so die Schalen zum Sinken brachte. Auf die Herkunft von verschiedenen Lokalitäten also — meine ich — und nicht etwa auf Geschlechtsunterschiede sind die heute zusammengefundenen verschieden grossen Schalen derselben Art zurückzuführen. Auf diesen Umstand wird man dann auch unter Berücksichtigung des früher Gesagten das Faktum zurückführen können, dass man kleinere ohrentragende Individuen derselben Art unter Umständen neben grösseren ohrenlosen findet.

Die Eigenbewegung der Ammoniten überhaupt dürfte keine besonders grosse gewesen sein. Formen mit zugeschärfter Aussenseite mögen sich allerdings wohl durch kräftige Trichterkontraktionen mit einem gewissen Grade von Schnelligkeit selbständig fortbewegt haben. Formen mit breiter Aussenseite und niedrigen Windungen konnten kaum sehr geschickte Schwimmer sein. Bei einem *Sphaer. bullatum* musste die breite Aussenseite geradezu einem Trichterstosse entgegenwirken. Bei einem Scaphiten, welcher infolge der Lage und Richtung seiner Wohnkammer mit nach oben gekehrten Luftkammern schwimmen müsste, würde eine Trichterkontraktion und Wasserausstossen geradezu zu einer Art von

---

[1] Interessante Daten hierüber enthält die Arbeit von C. Semper, Über die Wachstumsbedingungen von *Lymnaeus stagnalis*. Verhandl. d. Phys. med. Gesellsch. Würzburg. N. F. Bd. IV. p. 50 ff.

Radschlagen führen. Ein *Cochloceras*, ein *Turrilites* mit schneckenförmig gewundenem Gehäuse konnte kaum ein eleganter Schwimmer sein. HYATT[1] und nach ihm WALTHER (l. c. p. 515) nahmen an, dass wohl ein Teil der Ammoniten (namentlich die mit verengten Mündungen versehenen, die mit anormalen Wohnkammern und die ammonitischen Nebenformen) benthonisch am Grunde des Meeres lebten, resp. sich an im Meere schwimmenden Pflanzen anhefteten. Und WALTHER sagt wohl mit Recht, dass die Ammonitentiere selbständig nicht grosse Wanderungen unternehmen konnten, ohne ihre Artcharaktere zu verändern. Ob man die Ammoniten mit Recht allgemein als „pelagische Schwimmer" ansprechen darf, wie es heute oft geschieht, dürfte als sehr zweifelhaft erscheinen. Wahrscheinlich nur durch Verfrachtung der Schalen ist es zu erklären, dass wir z. B. *Stephanoceras bullatum* D'ORB. in Cutch in Indien, in Europa, in den Anden Boliviens, in ganz gleicher Weise wiederfinden.

Es werden natürlich auch Ammoniten dort, wo sie lebten, fossil gefunden werden; doch eine Entscheidung für jeden einzelnen Fall, ob der Ammonit dort, wo er gefunden wird, lebte, oder ob seine Schale an diese Stelle hin verfrachtet worden, dürfte sehr schwer zu geben sein.

Schon durch BUKOWSKI[2] wurden die Ammoniten mit anormalen Wohnkammern in bezug auf die Sexualfrage gestreift, und BUKOWSKI verneint, dass die verschieden grossen Individuen von *Opp. distorta* [deren verschiedene Grösse an einer Lokalität vorhin erklärt wurde] auf Geschlechtsunterschiede zurückzuführen seien.

MUNIER-CHALMAS[3] widmet neuerdings der Sexualfrage unter besonderer Berücksichtigung der Ammoniten mit anormalen Wohnkammern eine kleine interessante Arbeit. Er vereinigt in dieser Arbeit unter dem Namen „scaphitoide Formen" Ammoniten mit folgenden Merkmalen:

1) Letzte Windung mehr oder weniger geknickt (réfracté);
2) Mundöffnung mit Ohren oder Seitenlappen (apophyses jugales);
3) Grösse relativ gering;
4) plötzlicher Stillstand in der Entwickelung der Scheidewände.

---

[1] Hyatt, Genesis of the Arietidae. p. 29.
[2] Gejza Bukowski, Über die Jurabildungen von Czenstochau in Polen. Beitr. zur Palaeontologie Österreich-Ungarns u. d. Orients. Bd. V. p. 121, 122.
[3] Munier-Chalmas, Sur la possibilité d'admettre un dimorphisme sexuel chez les Ammonitidés. C. R. des séances d. l. soc. géol. d. l. France. Dec. 1892. p. CLXX ff.

Es sind das also unter gewisser Beschränkung von 2), 3) und 4) die Ammoniten mit „anormalen Wohnkammern". MUNIER-CHALMAS zählt zu seinen scaphitoiden Formen die Gattungen: *Oecotraustes*[1], *Oecoptychius*, *Sutneria*, *Cadomoceras* nov. gen. (Typus: *Cad. Cadomense* DEFR., also *Haploceras* ZITT.), *Horioceras* nov. gen. (Typus: *Hor. Baugieri* D'ORB., also *Oppelia*), *Creniceras* nov. gen. (Typus: *Cren. Renggeri* OPP., also auch *Oppelia*). Bezugnehmend darauf, dass bei lebenden Cephalopoden, z. B. bei *Argonauta*, die Männchen viel kleiner sind als die Weibchen, und ferner unter bezug auf einen Ausspruch QUENSTEDT's nennt MUNIER-CHALMAS diese kleinen scaphitoiden Formen mit „apophyses jugales" Männchen, denen er grössere, regelmässig gewachsene ohne Ohren oder Seitenlappen als Weibchen gegenüberstellt.

QUENSTEDT[2] erwähnt von *Amm. deltafalcatus* wie von *Amm. opalinus*, dass es Formen mit und ohne Ohren gäbe, dass gerade grössere Formen manchmal keine Ohren trügen und dass in diesem verschiedenen Verhalten vielleicht sexuelle Unterschiede zu suchen wären. Die Grösse allein ist als kein Kriterium für das Ausgewachsensein eines Individuums zu betrachten. Die z. T. etwas grösseren ohrlosen Individuen (es giebt deren auch genug kleine), kann man wohl auch als nicht ausgewachsen bezeichnen (vergl. oben), so dass hier die Frage nach Geschlechtsunterschieden keine absolut sichere Lösung erfährt.

MUNIER-CHALMAS stellt nun, wie gesagt, den ohrentragenden scaphitoiden Formen (Männchen) grössere ohrenlose als Weibchen gegenüber. Es wäre ja möglich, dass dieser Schluss bei einzelnen Formen richtig wäre, welche in ihrer Skulptur und in ihrem ganzen Verhalten nahe Beziehungen zueinander zeigen, wie *Oecotraustes* [*Oppelia*] *genicularis* WAAG. (m[3]) und *Oppelia subradiata* Sow. (w[3]), *Oecotraustes* [*Oppelia*] *stenorhynchus* OPP. (m) und *Oppelia Arolica* OPP. (w). Die Gegenüberstellung von *Horioceras* [*Oppelia*] *Baugieri* D'ORB. (m) und *Distichoceras*[4] [*Oppelia*] *bipartitum* ZIET. (w) dürfte aber sehr anzuzweifeln sein, da die Skulptur beider und auch die Ausbildung der Aussenseite wesentliche Unterschiede zeigen. So stellt MUNIER-CHALMAS noch eine ganze Reihe anderer Formen als

---

[1] *Oecotraustes* ist mit *Oppelia* zu vereinigen.
[2] Quenstedt, Ammoniten des Schwäbischen Jura. p. 560.
[3] (m) = Männchen, (w) = Weibchen im Sinne Munier-Chalmas'.
[4] *Opp. bipartita* ZIET. erhebt Munier-Chalmas zum Typus einer neuen Gattung *Distichoceras*.

männlich und weiblich einander gegenüber, wobei die männlichen Individuen andere erste (Gattungs-) Namen erhalten als die weiblichen, ein Vorgang, welcher wohl kaum Billigung finden dürfte.

Wollte man auch MUNIER-CHALMAS' Ansicht gelten lassen, so müsste man doch in allen scaphitoiden Formen männliche Individuen sehen; dann aber dürfte es sehr schwer sein, überall die entsprechenden Weibchen zu finden. Wo sind die Weibchen für *Oecopt. refractus?* Soviel ich weiss, kennt man keine grössere regelmässig gewachsene Form ohne Ohren, welche mit *Oecopt. refractus* in Einklang zu bringen wäre. Wo finden wir die Weibchen für *Sphaeroceras, Sutneria, Cymbites* u. a. m.? Wie gestaltet sich dieses Verhältnis bei den Scaphiten selbst? Wo sind analoge Geschlechtsunterschiede bei den Lytoceraten, Phylloceraten, Arieten, Amaltheen, bei denen Ohrenbildungen ebensowenig wie geknickte oder auch nur verengerte Mündungen bekannt sind?

Wie verhalten sich ferner die triadischen Ammoniten in dieser Beziehung, welche z. B. in den kleinen Lobiten durchaus scaphitoide Formen enthalten, ohne jede Ohrenbildung, und für welche absolut keine grösseren, ungeknickten Formen als Weibchen zu finden sind; ferner die Arcestiden, Tropitiden, Ceratitiden? Soviel mir bekannt, sind bei triadischen Ammoniten überhaupt keine Ohrenbildungen gefunden; und die Zahl der Triasammoniten ist doch nach Arten und Individuen keine geringe, und von nicht wenigen sind die Mundränder bekannt. Ist auch der Schnitt zwischen Trias und Jura für die Ammoniten ein ganz ausserordentlich scharfer, so finden sich doch, wie namentlich das neue grosse Werk von E. v. MOJSISOVICS über die Hallstätter trachyostraken Ammoniten zeigt, eine geradezu erdrückende Menge von Konvergenzerscheinungen in bezug auf Form und Skulptur zwischen Trias- und Juraammoniten. Existieren Geschlechtsunterschiede überhaupt, welche sich durch eine ganz bestimmte Form des Gehäuses, namentlich der letzten Wohnkammer, bemerkbar machen, so dürften dieselben wohl bei allen Ammoniten und daher auch bei denen der Trias zu finden sein.

Von vornherein könnte man vielleicht vermuten, dass die „anormalen" Wohnkammern mit der Geschlechtsfrage in Einklang zu bringen wären, und es schien zunächst naheliegend, die Formveränderungen der Wohnkammern als Anpassungen zum Zwecke günstiger Bruträume für weibliche Individuen zu deuten. Dann aber ständen wir gerade vor der umgekehrten Frage wie vorhin, und wir müssten dieselbe in analoger Weise beantworten wie oben.

Es erscheint wohl durchaus unthunlich, die anormalen Wohnkammern mit der Sexualfrage der Ammoniten überhaupt in Verbindung zu bringen. Eine allgemein gültige Lösung der Sexualfrage bei den Ammoniten dürfte — wenn sie überhaupt möglich ist — eine sehr schwierige sein, da die verschiedene Grösse der Individuen, Skulpturunterschiede, Formveränderungen, der Aptychus stets auch Deutungen in anderem Sinne zulassen.

Die sogenannten „ammonitischen Nebenformen" der Kreide, *Crioceras, Ancyloceras, Toxoceras, Hamites, Hamulina, Ptychoceras, Baculites, Turrilites, Heteroceras* deutet man am häufigsten als krankhafte, als „Krüppelformen". WÜRTENBERGER [1] erklärte z. B. die losen Umgänge eines *Criocerus* entstanden aus dem Bestreben, die Umgänge von der Berührung mit den Ventralstacheln der inneren Umgänge zu lösen. Diese ammonitischen Nebenformen sind nach ihrer Skulptur und ihren Loben als nahe verwandt mit einzelnen durchaus in regelmässiger Spirale gewachsenen Ammoniten erkannt worden. Seit es AMOS P. BROWN [2] gelungen ist, für *Baculites* einen Schalenanfang von wenigen Umgängen in regelmässiger geschlossener Spirale zu entdecken, ist es zweifellos, dass man alle Nebenformen wird auf regelmässig gewachsene Ammoniten zurückführen können.

Die Ammoniten mit anormaler Wohnkammer stehen ohne Zweifel in nahem Zusammenhange mit den Krüppelformen der Kreide. *Sphaer. bullatum* (Taf. IV Fig. 8) zeigt vollkommen einen Scaphiten, bei dem die Wohnkammer sich noch nicht von der Spirale gelöst hat. Die nahen Beziehungen von *Macroscaph. Ywani* zu dem regelmässig gewachsenen *Lyt. (Costidiscus) rectecostatum* einerseits und zu den Hamiten anderseits legen den Schluss nahe, dass die Hamulinen, Hamiten und Ptychoceraten, bei welchen sich auf dem gestreckten Gehäuseteil Kammerscheidewände finden [3], mit *Lytoceras* durch Formen verbunden waren, welche ein dem *Macroscaph. Ywani* entsprechendes Stadium (in welchem die Wohnkammer allein von

---

[1] Würtenberger, Studien über die Stammesgeschichte der Ammoniten. p. 104 ff.

[2] Amos P. Brown, On the young of *Baculites compressus* SAY. Proceed. Acad. Nat. Sciences Philadelphia. 1891. p. 159, und: The development of the shell in the coiled stage of *Baculites compressus* SAY. Ibidem 1892. p. 136—141. Taf. 9.

[3] Diese Formen, deren Wohnkammer durchaus der einer *Macroscaph. Ywani* entspricht, und welche von einem ganz analog organisierten Tiere bewohnt gewesen sein mussten, sprechen entschieden auch gegen eine Resorption der Wohnkammer.

der Spirale gelöst war) repräsentierten. Anderseits wurde z. B. bei den Sphäroceraten beobachtet, dass die geologisch älteren Formen eine geringere Veränderung der (letzten) Wohnkammer zeigen, als die geologisch jüngeren. Hieraus ist die Überlegung gerechtfertigt, dass auch der Form eines *Macroscaph. Ywani* eine andere vorausging, bei welcher die Wohnkammer wohl noch z. T. in der Spirale des gekammerten Teiles gewachsen war. Wir kennen diese Zwischenform noch nicht. Aber wie wir für eine ganze Reihe anderer Ableitungen der Zwischenformen bis jetzt entbehren, ohne deren Richtigkeit oder Wahrscheinlichkeit in Zweifel zu ziehen, so dürfen wir auch hier einen analogen Schluss ziehen.

STEINMANN[1] sieht in den „ammonitischen Nebenformen" das Bestreben des Ammonitentieres ausgedrückt, die Schale nach Art einer *Argonauta* vom Körper loszulösen. Die Schale soll dabei aber nicht vollkommen abgestossen werden, sondern sie wird ihrer Verwendbarkeit als Eibehälter wegen durch Rückenarme festgehalten, welche sich an Rauhigkeiten der Schale (Rippen und Knoten) festlegen. Die Ähnlichkeit der Schalen von *Argonauta*-Arten mit gewissen ähnlich skulpierten Scaphitenschalen liess (trotz der fundamentalen Unterschiede zwischen den Schalen von *Argonauta* und Ammoniten) STEINMANN den erstmalig von SUESS gezogenen Schluss, dass *Argonauta* mit den Ammoniten in naher verwandtschaftlicher Beziehung stände, weiter ausdehnen und verteidigen. KOKEN[2] hat einige angreifbare Punkte der STEINMANN'schen Schlussfolgerungen bereits einer Diskussion unterzogen. Ein definitives Urteil in dieser Frage zu fällen, sind wir heute schon wohl kaum im stande.

An ein Bestreben des Tieres, sich aus der Schale zwecks „freierer Bewegung" — wie STEINMANN sagt — zu lösen, an ein Bestreben, die Schale zu einem blossen Eibehälter umzugestalten, kann man nur schwer denken. Ein solches Bestreben hätte dann zu den verschiedensten Zeiten in Anspruch genommen sein müssen, z. T. nur von einzelnen Gruppen derselben Gattung, und schliesslich nur bei den Scaphiten und den Krüppelformen hätte es zu einer Annäherung an Erfolg geführt. [Ob übrigens die Schale eines *Turrilites*, *Heteroceras*, *Crioceras* einen praktischen Eibehälter geliefert hätte?] Existierte das Bestreben, die Schale zu einem Ei-

---

[1] Steinmann, Vorläufige Mitteilung über die Organisation der Ammoniten. Naturw. Ges. Freiburg. 1888. p. 31—47, und: Elemente der Palaeontologie. p. 452—454.

[2] Koken, Die Vorwelt und ihre Entwickelungsgeschichte. 1893. p. 342—347.

behälter umzugestalten, so würde man weiter argumentieren müssen, dass dann schliesslich alle Ammonitenschalen nur Weibchen angehörten, was anzunehmen wir a priori nicht berechtigt sind.

Wäre in den ammonitischen Nebenformen, und damit auch in den Ammoniten mit „anormaler" Wohnkammer das Bestreben zu sehen, eine Loslösung des Tieres von der Schale zu erreichen, so wäre es eigentümlich, dass dieses Bestreben z. B. bei den Phylloceraten und Amaltheiden, welche doch eine ganz ausserordentlich lange Vegetationsperiode durchlebten, welche von der Trias ausgehend noch in der oberen Kreide mit den Scaphiten zusammen vorkommen, nicht zum Ausdruck gelangt; dass diesem Bestreben schon bei carbonischen Formen *(Adrianites)* Folge gegeben wird, während viele triadische Stämme (Ceratitiden, Cladisciten) und jurassisch-cretacische Gattungen (*Perisphinctes, Harpoceras, Desmoceras, Pachydiscus, Arietites* u. a. m.) dieses Bestreben nie zeigen; dass ferner oft nur einzelne Äste einer Gattung, und nicht einmal immer die geologisch jüngsten, von diesem Bestreben ergriffen werden.

Als die natürlichste Erklärung für das Phänomen der „anormalen Wohnkammern" und für die damit verbundenen Änderungen der Körperform eines Ammoniten ist wohl die zu nehmen, dass „anormale" Wohnkammern senile Charaktere repräsentieren. HYATT[1] spricht sich z. T. in dieser Hinsicht aus und auch E. v. MOJSISOVICS huldigt derselben, wenn er bei Besprechung der Haloriten sagt[2]: „Doch kommen auch noch Formen vor (*Halorites Capellinii* und *Halorites Hoffi*), bei welchen die Wohnkammerwindung von den gekammerten Umgängen nicht abweicht, und dürften diese seltenen Arten als solche anzusehen sein, welche die altertümlichen Charaktere der zunächst vorausgehenden Stammform noch bewahrt haben. Denn die Abänderung des Wohnkammerumganges im altersreifen Zustande ist offenbar als ein erst spät erworbenes seniles Merkmal anzusehen, welches bei *Halorites* ebenso wie in vielen analogen Fällen (*Arcestes, Lobites, Didymites, Popanoceras, Tropites*) dem Gattungstode unmittelbar vorangeht."

Wie E. v. MOJSISOVICS hier für die Triasammoniten schliesst, so hatte ich mir den analogen Schluss bereits für die Jura- und Kreideammoniten mit „anormaler" Wohnkammer herausgebildet, und ich war ausserordentlich erfreut, durch eine Autorität wie E. v. MOJSISOVICS

---

[1] Hyatt, Genesis of the Arietidae. p. 28.
[2] E. v. Mojsisovics, Das Gebirge um Hallstatt. I. Abt. Bd. II. p. 13.

meine Ansicht bestätigt zu wissen. In gewissem Sinne aber ist die Ansicht E. v. Mojsisovics' zu modifizieren: Die „anormalen" Wohnkammern gehen nicht immer dem Tode der ganzen Gattung voran, sondern oft nur dem Tode gewisser Reihen einer Gattung. Neben den Oppelien mit anormaler Wohnkammer im Tithon kommen Arten mit regelmässiger Wohnkammer vor. Das formveränderte *Pinacoceras Layeri* v. Hau. sp. bildet zwar das letzte, jüngste Glied einer sonst regelmässig wachsenden Formenreihe, aber gleichalterig sind auch viele Pinacoceraten anderer Reihen mit ganz normalgewachsenen Wohnkammern. *Haploceras cadomense* Defr. sp. mit anormaler Wohnkammer ist älter als eine sehr grosse Anzahl regelmässig gewachsener Haploceren. Bei *Isulcites* leben Arten mit anormaler Wohnkammer neben solchen mit normal gebauter.

Bei den ältesten Ammoniten mit anormaler Wohnkammer, bei *Adrianites* und *Popanoceras*, sind nur vereinzelte Arten in bezug auf ihre Wohnkammer formverändert, und die Formveränderung beschränkt sich auf den vorderen Teil der Wohnkammer. Bei jüngeren derartigen Gruppen beginnt die Formveränderung auch am Vorderende der Wohnkammer, greift aber im Laufe der geologischen Entwickelung immer weiter zurück (vergl. *Sphaeroceras*). Während wir bis jetzt keine Nachkommen von *Popanoceras Verneuilli* E. v. Mojs. kennen, wo also das erworbene Merkmal nicht vererbt wird, kennen wir solche z. B. von *Sphaeroceras meniscus* Waag. (bis zu *Sphaeroceras bullatum* d'Orb.), bei welchen dieses Merkmal nicht nur vererbt, sondern bis zu einer gewissen Grenze weiter ausgebildet wird. Die Vererbung seniler Eigenschaften muss zu einer Degenerierung des Stammes führen, ohne immer ein Erlöschen desselben zu bedingen. Die degenerierten Nachkommen einer Art können noch immer fortpflanzungs- und fortbildungsfähig sein, wenn sie sich einer mit ihrer Degeneration im Einklange stehenden Lebensweise anzupassen Gelegenheit haben. Sämtliche regelmässig gewachsenen Ammoniten kann man sich mit mehr oder minder grosser Lokomotionsfähigkeit ausgestattet denken; sie werden, wenn vielleicht auch nicht besonders schnell, durch Ausstossen von Wasser aus dem Trichter geschwommen sein. Ein regelmässig gebautes *Lytoceras, Stephanoceras, Olcostephanus* konnte sich jedenfalls selbstthätig durch Schwimmen fortbewegen, die von ihnen abzuleitenden degenerierten Formen: *Macroscaphites, Oecoptychius, Scaphites* konnten sich wohl kaum mehr durch selbständiges Schwimmen fortbewegen, sie werden vielleicht auf dem Meeresboden kriechend oder an Meerespflanzen geheftet gelebt haben. Vermochten sie sich diesen Lebensbedingungen günstig anzupassen, so konnten sie ihre senilen Merkmale vererben und weiter fortbilden und konnten so zur Bildung von Nebenformen führen, vermochten sie dieses nicht, so mussten sie erlöschen. Den Grund des Degenerierens kennen wir nicht; ob er wohl allein in langem Bestehen desselben Stammes lag, oder in der Veränderung von Existenzbedingungen im Lebensgebiete gewisser Reihen eines Stammes?

Gegen die Ansicht, dass in Ammoniten mit „anormaler Wohnkammer" senile Charaktere und degenerierte Typen ausgebildet sind, spricht es nicht, dass einzelne Gruppen und Gattungen ohne Anzeichen eines solchen Degenerierens erlöschen, wie die Phylloceraten und Amaltheiden am Ende der Kreidezeit. Die Gattung *Nautilus* lebt vom Silur bis in die Jetztzeit, ohne dass die Schale Merkzeichen der Degeneration trüge. Dass am Ende der Kreidezeit auch die Lebensfähigkeit aller Ammoniten erlischt, ist nicht anzunehmen. Würden in den dem Kreidemeere folgenden Meeren Bedingungen existiert haben, welchen sich die Ammonitengruppen anzupassen vermocht hätten, so würden dieselben wohl nicht so plötzlich erloschen sein[1].

Zwischen den Ammoniten der Trias und denen der Jura-Kreidezeit existieren, wie ein blosses Durchblättern der Tafeln von E. v. Mojsisovics' neuestem Bande seines „Gebirge um Hallstatt" lehrt, ausserordentlich viele Konvergenzen in bezug auf die Form und die Skulptur der Ammonitengehäuse: Wir finden in triadischen Ammoniten (abgesehen von der Lobenlinie und dem Mundrande) vollkommen die Formen von Oxynoten, Amaltheen, Arieten, Stephanoceraten wieder. Es kann daher nicht Wunder nehmen, dass wir auch andere Erscheinungen in konvergenter Ausbildung antreffen, so die senilen Merkmale bei: *Lobites* der Trias — *Oecoptychius* des braunen Jura — *Oppelia macrotela* des Tithon; *Tropites* der Trias — *Sphaeroceras* des braunen Jura; *Sphaeroceras* — *Scaphites* u. a. m. Die Ammoniten mit „anormaler Wohnkammer" stehen in nahem Zusammenhange mit den sog. Krüppelformen der Kreide, welchen wir z. T. in ganz analoger Form bereits in der Trias und im Jura begegnen: *Rhabdoceras* (Trias) — *Baculina* (Jura) — *Baculites* (Kreide); *Cochloceras* (Trias) — *Turrilites* (Kreide); in ähnlichem Formver-

---

[1] Ob man die Fox-hill-group mit ihren wenigen Ammonitenformen der Kreide oder dem Tertiär zuzählen soll, ist für das Phänomen, dass mit Ende der Kreidezeit die grosse Masse der Ammoniten plötzlich erlischt, bedeutungslos.

hältnis stehen die aufgelösten Spiralen von *Crioceras* (Jura, Kreide) zu den nur zum geringsten Teile gelösten von *Choristoceras* (Trias).

Wenn die „anormalen" Wohnkammern der Ammoniten als senile Merkmale aufzufassen sind — und diese Deutung kann nur auf den denkbar geringsten Widerspruch stossen — so muss der Schluss gerechtfertigt erscheinen, dass diejenigen Ammonitengattungen oder -gruppen, bei welchen solche Bildungen vorkommen, sich von Ammonitenstämmen mit bereits langer Vegetationsperiode ableiten. Dieser Schluss ist für die Jura-Kreide-Ammoniten leicht bestätigt. Dadurch, dass wir in der Trias Gattungen von Ammoniten mit „anormaler" Wohnkammer plötzlich auftauchen sehen, wird dieser Schluss nicht umgestossen, da wir über die Vorfahren solcher Gattungen (wie *Lobites*, *Didymites* und anderer) aus vortriadischer Zeit noch nicht genügend unterrichtet sind[1].

Schliesslich wäre noch der klassifikatorische Wert der „anormalen Wohnkammern" zu beleuchten: derselbe ist, wie aus den Zusammenstellungen im ersten Teile hervorgeht, ein sehr geringer. Formen mit „anormaler Wohnkammer" kommen neben solchen mit normaler in derselben Gattung vor. Im allgemeinen wird man daher die anormale Wohnkammer nicht zu Klassifikationszwecken benutzen können; nur wenn sie einer ganzen Gruppe von Formen derselben Gattung neben bestimmten anderen Unterscheidungsmerkmalen zukommt, wird dieselbe als untergeordneteres Merkmal zu benutzen sein.

Als wesentlichste Resultate aus den vorangehenden Überlegungen gelten folgende Sätze:

1) Die Bildung „anormaler" Wohnkammern ist nicht mit Resorptionserscheinungen verbunden; Resorptionserscheinungen sind an den Ammonitenschalen überhaupt nicht nachzuweisen.

2) Ein Ammonit mit „anormaler" Wohnkammer ist fast ausnahmslos als vollkommen ausgewachsen zu betrachten.

3) Der „anormalen" Wohnkammer gehen weniger veränderte Wohnkammern voraus und schliesslich in den Jugendstadien solche, die in vollkommen regelmässiger Spirale gewachsen sind; man darf

---

[1] Anderseits dürften wohl kaum von Ammoniten mit „anormaler" Wohnkammer Reihen mit normal gewachsenen letzten Wohnkammern abzuleiten sein. Es scheint wenig überzeugend, wenn Buckman die Polymorphiten mit regelmässig gewachsenen Wohnkammern von *Cymbites globosus*, einer Form mit „anormaler" Wohnkammer, ableitet. cf. Buckman, Inferior Oolite Ammonites. p. 283.

daher bei der Beschreibung von Ammoniten nicht eigentlich von einer „anormalen Wohnkammer" sprechen, sondern von einer anormalen letzten Wohnkammer des ausgewachsenen Individuums.

4) Die „anormalen" Wohnkammern der Ammoniten sind nicht auf sexuelle Unterschiede zurückzuführen.

5) Die „anormalen" Wohnkammern und die mit denselben zusammenhängenden Formveränderungen des Ammonitentieres sind als senile Charaktere aufzufassen.

Tafelerklärung.

Bei allen Figuren bezeichnet *s* die Lage der letzten Sutur.

Fig. 1. *Lobites pygmaeus* E. v. Mojs.
" 2. *Lobites Suessi* E. v. Mojs. Schnitt durch die Windungsebene.
" 3. *Cymbites centriglobus* Opp. sp.
" 4. *Oecoptychius refractus* Rein. sp.; die punktierte Linie giebt die Wohnkammerform bei regelmässigem Wachstum wieder.
" 5. — —. Windungsquerschnitte; unter *s*, *a*, *b* sind die Querschnitte bei *s*, *a*, *b* in Fig. 4 wiedergegeben.
" 6. *Oppelia Renggeri* Opp. sp.; der vordere Teil der Wohnkammer fehlt.
" 7. *Oppelia macrotela* Opp. sp.
" 8. *Sphaeroceras bullatum* d'Orb. sp.
" 9. *Sphaeroceras microstoma* d'Orb. sp. Querschnitt; der gekammerte Teil ist schraffiert; die punktierte Linie giebt den Verlauf der Wohnkammer wieder, wenn dieselbe regelmässig gewachsen wäre.
" 10. *Macroscaphites Ywani* d'Orb. sp.
" 11. *Arcestes ooides* E. v. Mojs.
" 12. *Tropites subbullatus* Fr. v. Hauer sp. Querschnitt; der gekammerte Teil ist schraffiert; die punktierte Linie giebt die Ausdehnung einer regelmässig gewachsenen Wohnkammer wieder.

Jahreshefte d. Ver. f. vaterl. Naturk. in Württemb. 1894. Taf. IV.

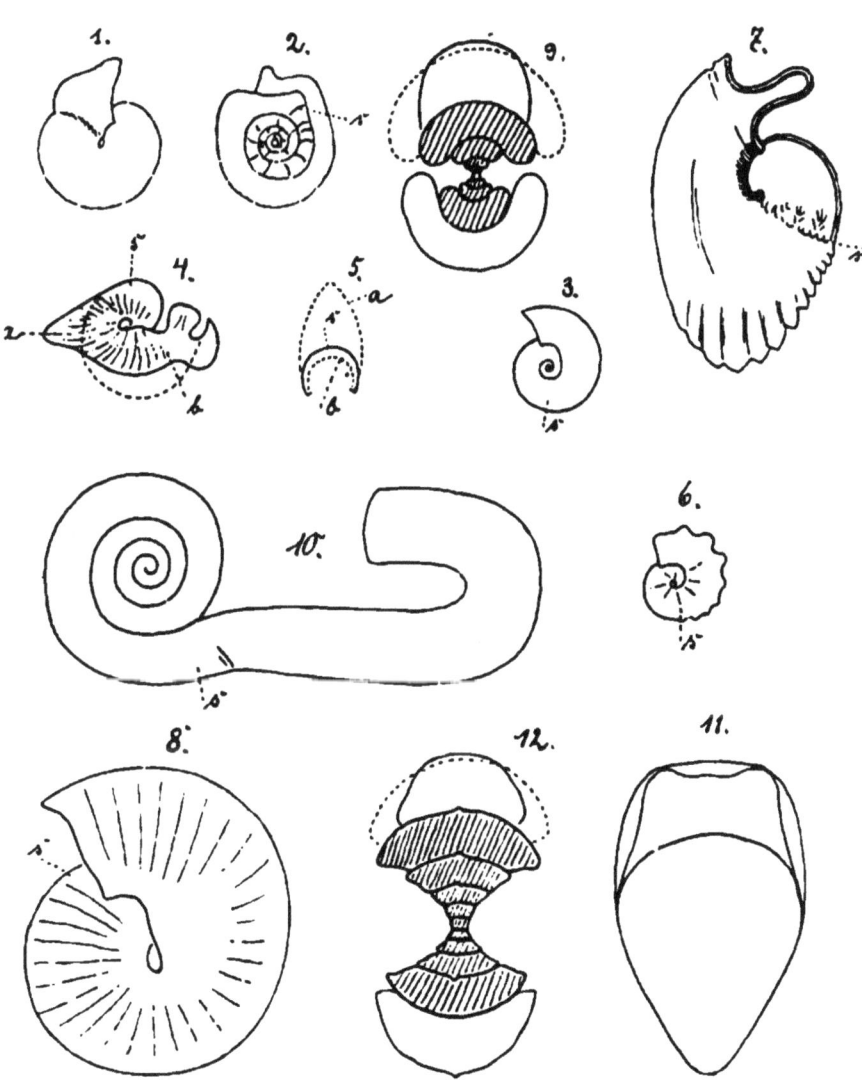